KLEINE RATGEBER-BIBLIOTHEK
Erfolg im Leben

# Die besten Anti-ÄRGER STRATEGIEN

Sonderausgabe

2000 Trautwein Ratgeber-Edition
Genehmigte Sonderausgabe

Redaktion: Beatrice Vollrath, Susanne Werth
Redaktionsassistenz: Martina Schweiger
Text: Heide Marie Karin Geiss
Umschlaggestaltung: Inga Koch
Produktionsleitung: Gunther Jaich
ISBN 3-8174-5329-9
5253291

Mehr Infos im Internet unter
www.compactverlag.de

Nichts ist ärgerlicher als sich zu ärgern! Deshalb entschließen Sie sich endlich: Ärger soll nicht mehr länger mein Leben bestimmen. Dazu sind Sie zu beglückwünschen, denn Sie haben nun erkannt, dass es wichtigere und auch schönere Dinge auf dieser Welt gibt, als seine kostbare Zeit mit Ärger zu verschwenden, und dass dauernder Ärger Ihrer Seele, Ihrem Herzen und Ihrem Körper schadet. Ihr Entschluss steht fest: Weg mit dem Ärger! Doch wie?

Auf dem Weg in ein neues, ärgerfreies Leben wird Ihnen dieser Ratgeber ein treuer und zuverlässiger Begleiter sein. Denn er enthält nicht nur theoretisches Wissen über das Phänomen Ärger, sondern auch praktische Anleitungen, wie man „ärgerliche" Situationen vermeidet oder souverän meistert.

Darüber hinaus erfahren Sie, wie Sie innere Ruhe erlangen können und sich selbst besser kennen lernen, um den Ärger bereits im Vorfeld abzuwenden. Zahlreiche Tipps und Beispiele helfen Ihnen, Ihren Alltag künftig zu meistern, ohne sich dauernd über etwas oder jemanden ärgern zu müssen. Ob Sie gerade den Bus verpasst haben oder im Stau auf der Autobahn stehen: nach dieser Lektüre werden Sie ein angenehmeres und harmonischeres Leben führen können – ohne Ärger.

Dieses Buch stellt Ihnen unterschiedlichste Strategien vor, die Ihnen zeigen, wie Sie sich ein individuelles Programm gegen Ärger erstellen können, um Ihre Lebensqualität zu verbessern.

Mit diesem guten Rüstzeug ausgestattet, werden Sie bereits nach kurzer Zeit und etwas Übung ein ärgerfreies Leben führen, weil Sie gegen Ärger immun sind! Probieren Sie es einfach aus! Es lohnt sich, denn es geht um ein zufriedeneres, glücklicheres Leben.

# Wissenswertes rund ums Ärgern

# Warum ärgert man sich überhaupt?

Das Leben könnte so schön sein, wenn man sich nicht immer wieder ärgern müsste! Warum ärgert man sich überhaupt? Woher kommt der Ärger, der immer wieder mit einem Schlag aus einem sonnigen Tag einen völlig grauen und verregneten Tag machen kann?

Denkt man über ärgerliche Ereignisse objektiv nach, findet man natürlich für jeden Anlass triftige Gründe:

Die Musik des Wohnungsnachbarn dröhnt um Mitternacht bis in die eigene Wohnung; das Auto will einfach nicht anspringen, wenn man gerade einen sehr wichtigen Termin hat, man steht entweder im Stau oder der Bus fährt einem genau vor der Nase weg.

Die Liste könnte mit Sicherheit beliebig fortgeführt werden. Gründe gibt es sicherlich bei jedem von uns ausreichend. Doch die eigentlichen Ursachen von Ärger liegen nicht nur in diesen äußerlichen Ereignissen und Anlässen, sondern vor allem in uns selbst:

Eigene Unzufriedenheit, negative Lebenseinstellung, mangelndes Selbstbewusstsein, Neid oder das Nicht-Akzeptieren des eigenen Umfeldes sind die überwiegenden Gründe, weshalb man sich eigentlich ärgert. Man ärgert sich nämlich am meisten über sich selbst!

**Merke:**

Die Wurzel allen Ärgers liegt meistens in uns selbst. Man muss an sich selbst arbeiten, wenn man das Ärgern in den Griff bekommen will!

## Ärger belastet Körper und Seele

Ärger hat häufig negative Auswirkungen auf das körperliche und seelische Wohlbefinden.

Sie kennen sicherlich die gängigen Redewendungen: „Mir läuft die Galle über!“ Oder „Das hat mir vielleicht auf den Magen geschlagen!“ Diese bildhaften Formulierungen bringen zum Ausdruck, dass Ärger die geregelten Abläufe im Organismus negativ beeinflusst. Die Nerven werden unnötig strapaziert, die Magenschleimhaut in Aufruhr gebracht, die Verdauung in Mitleidenschaft gezogen und das Herz belastet. Das allein wären mit Sicherheit genügend Gründe, mit dem Sich-Ärgern endlich aufzuhören.

Hinzu kommen noch die seelischen Belastungen. Denken Sie mal darüber nach, wie Ihre Mitmenschen Sie erleben, wenn Sie mit hochrotem Kopf und verbissenem Gesichtsausdruck auftreten.

Ärger lähmt Ihre positive Ausstrahlung und Lebenseinstellung, stört die Gedanken, verhindert die Konzentration auf etwas Wichtigeres, lässt Sie nicht mehr die schönen Dinge des Lebens sehen, vergeudet Energie, die Sie sinnvoller einsetzen könnten und blockiert Ihr eigentliches Tun und Handeln.

Lernen Sie, ein Leben mit weniger Ärger zu führen, und machen Sie damit sich und Ihrer Umwelt das Leben nicht nur einfacher, sondern auch lebenswerter und schöner.

## Ärger ist nicht gleich Ärger

Es gibt die unterschiedlichsten Arten von Ärger. Wenn Sie sich über einen geschlossenen Bankschalter ärgern, wird diese Art von Verstimmung sicherlich schneller verflogen sein als der tägliche Ärger mit einem Berufskollegen. Ebenso werden Sie Ärger über ein gestohlenes Portemonnaie schneller vergessen als dauernden Ärger mit den Grundstücksnachbarn.

Sie haben sich entschlossen, dem Ärger, egal wie groß oder klein er ist, ein Ende zu setzen. Beginnen Sie zuallererst mit der Beseitigung von kleineren Ärgernissen. Bereits nach kurzer Zeit werden Sie Erfolge sehen und Mut und Elan bekommen, sich an die größeren, gewichtigeren Ärgernisse heranzuwagen. Denn Sie haben inzwischen eine gewisse Routine und Selbstverständlichkeit entwickelt, kleinere ärgerliche Situationen zu vermeiden.
Sie müssen sich also mit diesen Dingen nicht mehr belasten und sind nun frei im Kopf für die Beseitigung großer „Ärgerbrocken“. Denn das erfordert mehr Durchhaltevermögen, Ausdauer, eigene Courage, aktives Handeln und Mut.

## Die verschiedenen Temperamente

Oft hört man den Satz „Die Frau hat vielleicht Temperament!“. Damit umschreibt man eine bestimmte Wesens- und Gemütsart eines Menschen. Je nach Temperament kann Ärger unterschiedliche Reaktionen hervorrufen. Wem klar ist, welcher Wesenstyp man ist und mit welcher Art von Menschentyp man es zu tun hat, der kann sich auch viel besser auf eventuellen Ärger einstellen und ihn vermeiden.

Unter dem Begriff Temperament versteht man die in jedem Menschen vorhandene Erregbarkeit des Gemütes, gekoppelt mit dem individuellen, an die jeweilige Persönlichkeitsstruktur gebundenen Ablauf seelischer Vorgänge.

Hippokrates, der um 400 v. Chr. auf Kos lebende griechische Arzt und Gründer der Naturheilkunde, leitete aus seiner Säftelehre vier unterschiedliche Grundtemperamente und zugehörige Menschentypen ab, die je nach Mischung dieser verschiedenen Körpersäfte entstehen: der Choleriker, Melancholiker, Phlegmatiker und der Sanguiniker.

### Der Choleriker

Er zeichnet sich durch leichte Erregbarkeit aus, braust schnell auf, reagiert heftig und ist jähzornig und leidenschaftlich. Bereits der kleinste Anlass genügt, damit der Choleriker sich sofort gewaltig ärgert. Allerdings verfliegt der Ärger oftmals genauso schnell, wie er gekommen ist!

Einen Choleriker sollte man daher einfach seine Wut ausleben lassen.

## Der Melancholiker

Bei diesem Temperamentstyp dominiert eine trübsinnige Gemütsverfassung. Er neigt zu Schwermut und häufigem Grübeln. Auch stellt er gerne sich selbst und das, was er macht, in Frage.

Der Melancholiker trägt oft depressive Merkmale, ist antriebsschwach, pessimistisch und reagiert gehemmt. Er frisst Ärger gerne in sich hinein und neigt dazu, negative Geschehnisse überzubewerten.

Da der Melancholiker sehr verschlossen reagiert, provoziert er damit oft bei seinen Mitmenschen einen Streit. Doch Vorsicht! Je mehr Sie ausfallend werden, desto mehr verletzen Sie den Melancholiker, ohne es zu merken.

## Der Phlegmatiker

Träge Reaktionen und Gleichgültigkeit zeichnet diesen Temperamentstyp aus.

Eine Unterhaltung oder ein Unternehmen mit diesem Menschen wird oft als schwerfällig und zäh empfunden. Den Phlegmatiker bringt so schnell nichts aus der Ruhe. Zum einen bekommt er auf Grund seines Phlegmas viele ärgerliche Geschehnisse gar nicht erst mit, zum anderen muss sehr viel passieren, um ihn aus der Reserve zu locken. Achtung! Genau diese Verhaltensweise kann bei ihm noch mehr Ärger hervorrufen.

## Der Sanguiniker

Ausgeglichenheit und Fröhlichkeit bestimmen das Leben dieses Menschen, aber auch gesteigerte Erregbarkeit und leichte Gereiztheit. Es handelt sich um einen sehr lebhaften Menschen. Der Sanguiniker neigt zwar dazu, sich schnell aufzuregen, aber der Zorn hält nicht lange an, da seine positive Grundeinstellung dominiert. Sich mit einem Sanguiniker zu ärgern, ist nicht besonders „fruchtbar". Denn seine positive Lebenseinstellung überträgt sich schnell auf Sie.

Beim Durchlesen der vier unterschiedlichen Temperamentstypen werden Sie feststellen, dass keines der Bilder exakt auf Sie persönlich maßgeschneidert ist. Sie sind vielleicht zum großen Teil der eine Typ, weisen jedoch auch Züge eines anderen Typs auf.

Und genauso sieht auch die tägliche Praxis aus. Die beschriebenen Typen sagen nur andeutungsweise etwas über die Gemütserregbarkeit aus. Der reine Typ kommt selten vor, in der Mehrzahl handelt es sich um Mischformen, bei denen lediglich ein bestimmter Typ dominiert.

Sinn und Zweck dieser Aufstellung ist es, andere Menschen in schwierigen Situationen einschätzen zu lernen, um so besser mit ihnen umzugehen.

## Die vier Temperamente:

- Choleriker:
  - leicht erregbar
  - aufbrausend
  - leidenschaftlich
  - schnell verärgert
- Melancholiker:
  - schwermütig
  - pessimistisch
  - grüblerisch
  - unterdrückt Ärger
- Phlegmatiker:
  - träge
  - gleichgültig
  - schwerfällig
  - provoziert Ärger
- Sanguiniker:
  - fröhlich
  - ausgeglichen
  - lebhaft
  - meidet Ärger

# Innere Ruhe finden – Ärger vermeiden

# INNERE RUHE FINDEN – ÄRGER VERMEIDEN

Mit der sprichwörtlichen inneren Ruhe ist das so eine Sache. Mal ist man die Ruhe selbst, kann stundenlang in einem bequemen Sessel sitzen, lesen oder Musik hören, ohne auf die Uhr zu schauen.

Ein anderes Mal wiederum treibt einen eine innere Kraft rastlos hin und her. Nervosität plagt diesen Menschen, an innere Ruhe und Ausgeglichenheit ist nicht zu denken. Klar ist, dass in diesem Zustand der Ärger förmlich vorprogrammiert ist. Für einen „unruhigen Geist" oder ein „Nervenbündel" genügen bereits ganz kleine Anlässe zum Ärgern. Die Entschuldigung „Ich bin heute innerlich so schrecklich unruhig, weil das Wetter umschlägt!", trifft in den wenigsten Fällen den Kern der Sache.

Schieben Sie nicht die Verantwortung für Ihre Nervosität auf andere ab oder entschuldigen Sie Ihre Unruhe nicht mit äußeren Umständen.

Diese passive Haltung gehört ab sofort der Vergangenheit an! Sie sind sich klar, dass nur Sie alleine dafür verantwortlich sind, Ihre innere Ruhe wiederherzustellen. Aktives Tun wird jetzt von Ihnen verlangt. Unternehmen Sie einen bewussten Schritt gegen den Ärger!

Entspannen Sie sich erfolgreich und gewinnen Sie Ihre innere Ruhe und Ausgeglichenheit zurück. Gestärkt durch diese innere Kraft erlangen Sie wieder Ihre positive Ausstrahlung.

Nun werden Sie sicherlich denken „Das klingt alles recht überzeugend, doch wie erreiche ich diese innere Ruhe?"

Das Zauberwort, um seine innere Ruhe zurückzugewinnen, heißt „Entspannung“. Und Entspannung kann erlernt werden! Aus dem breiten Angebot an Entspannungsmöglichkeiten lernen Sie nun die bekanntesten und wichtigsten kennen, aus denen Sie dann auswählen können.

Lesen Sie sich die verschiedenen Anregungen durch und entscheiden Sie dann, welche der Möglichkeiten Ihnen persönlich am meisten zusagt.

**Merke:**

Die Fähigkeit zu entspannen, innere Ruhe zu finden und dadurch dem Ärger mit Gelassenheit zu begegnen, kann mit gezielten Übungen erlernt werden.

## Entspannung durch Autogenes Training

Das Autogene Training zählt zu den gängigsten Entspannungsformen. Sicherlich haben Sie den Namen schon öfter gehört. „Erfinder“ dieses sehr wirksamen Psychotherapieverfahrens war der bekannte Berliner Nervenarzt Prof. Dr. J. H. Schultz (1884–1970), der mit seiner Methode große Erfolge erzielen konnte.

„Autogen“ wird vom griechischen „autogenis“ = selbst erzeugt, selbst hervorgebracht abgeleitet. Das Wort „Training“ ist das englische Wort für „Übung“. Dieses Verfahren basiert also darauf, dass man sich selbst so beeinflusst, dass ein Zustand tiefer Ruhe und Erholung erreicht wird.

Die gewünschte Entspannung erzielt man durch sechs Grundübungen, die innerhalb von zwölf Wochen erlernt werden können. Dann spüren Sie bereits schon deutlich die positive Wirkung.

Durch weiteres Training verstärkt sich die Wirkung und die angestrebte innere Ruhe tritt immer schneller ein.

Das Autogene Training ist eines der wirksamsten Mittel gegen Ärger. Wer das Übungsprogramm konsequent durchhält, wird in Zukunft nicht mehr auf diese Entspannungstechnik verzichten wollen!

Die Wirkung, die man durch Autogenes Training erzielt, ist in etwa mit der des Schlafes zu vergleichen. Denn beim Schlafen verlangsamt sich unser Kreislauf, wie auch der Stoffwechsel und die Muskel- und Nerventätigkeit „auf Sparflamme“ arbeiten. Der Blutdruck sinkt, das Herz schlägt langsamer und auch die Atmung findet gleichmäßig und verlangsamt statt. Dadurch wird die Möglichkeit geschaffen, sich auszuruhen, zu entspannen und allen Ärger zu vergessen.

Der einzige, aber sehr wichtige Unterschied zum Autogenen Training besteht darin, dass wir Schlaf als passiv erleben. Das Autogene Training wird hingegen aktiv von uns, wann immer die Möglichkeit oder Notwendigkeit besteht, durchgeführt.

Das Resultat ist jedoch dasselbe wie beim Schlafen: Wir werden ruhiger, gelassener und entspannter und sind deshalb weniger bereit, uns heftig zu ärgern!

**Tipp:**

> Zehn Minuten Autogenes Training ermöglicht die gleiche Erholung wie etwa eine Stunde Schlaf!

Bevor Sie mit den einzelnen Übungen dieser Entspannungsform beginnen, sollten Sie mit Ihrem Heilpraktiker oder Arzt sprechen, ob diese Methode für Sie persönlich geeignet ist. Denn bei Menschen mit niedrigem Blutdruck ist Autogenes Training nicht immer der richtige Weg, da der Blutdruck während der Übungen noch weiter absinkt.

Ob Sie das Autogene Training alleine oder innerhalb einer Gruppe unter Anleitung erlernen wollen, hängt von Ihnen persönlich und Ihrem Zeitplan ab. Falls Sie sich für einen Alleingang entscheiden, sollten Sie sich vor Beginn der Übungen möglichst ausführlich über das Thema informieren. Treten bei der Ausführung der Übungen allerdings unerwartete, störende Begleiterscheinungen (z. B. Atembeschwerden oder verstärkte Blähungen) auf, sollte ebenfalls ein Arzt zu Rate gezogen werden!

## Die Vorbereitungen

Wählen Sie bequeme Bekleidung, beispielsweise einen Jogginganzug aus. Kein Gummizug o. Ä. darf Sie einengen. Suchen Sie sich für die Durchführung der Übungen einen Raum aus, der möglichst frei von störenden Lärmquellen ist. Leiten Sie Ihre Übungen mit Formeln ein, die Sie leise vor sich hinsprechen.

Diese Sätze sollten möglichst kurz und vor allem positiv sein. Versuchen Sie sich die gesprochenen Sätze bildlich vorzustellen. Achten Sie darauf, dass die Sätze immer in der Gegenwartsform gehalten werden. Denn Sie wollen jetzt und hier Ruhe und innere Gelassenheit finden!

Falls es Ihre Zeit erlaubt, führen Sie die Übungen täglich durch, mindestens aber zweimal pro Woche! Falls Sie aus beruflichen oder privaten Gründen gezwungen sind, mit dem Autogenen Training für einige Zeit aufzuhören, beginnen Sie wieder mit den Grundübungen.

## Schritt für Schritt entspannen

Das Autogene Training besteht aus verschiedenen Stufen, die Sie sich Schritt für Schritt erarbeiten müssen. Die Grundübungen dienen dabei zuerst einmal dazu, Ihre Muskeln gezielt anzuspannen und wieder zu entspannen, um beispielsweise ein Gefühl der Schwere in Ihnen hervorzurufen.

**Tipp:**

Bei einer Muskelentspannung empfinden Sie körperliche Schwere, bei einer Muskelanspannung angenehme Wärme.

Die erste Stufe dient zunächst dazu, das Gefühl der Schwere zu erlernen. Wie man gezielt Wärme erzeugen kann, erfährt man bereits in der zweiten Stufe. Die dritte Stufe hilft Ihnen, den richtigen Atemrhythmus zu finden. Die vierte Stufe lehrt, den eigenen Herzschlag ganz bewusst zu spüren und in der fünften Stufe lernen Sie dann, Ihr so genanntes „Sonnengeflecht" (Solarplexus, das Nervengeflecht im Oberbauch) gezielt einzusetzen. Wie man „einen kühlen Kopf" bei Ärger behält, erfahren Sie abschließend in der sechsten und letzten Stufe.

**Tipp:**

Morgens vor dem Aufstehen, im Bett liegend und auch abends vor dem Einschlafen ist die ideale Zeit, um die Übungen möglichst wirkungsvoll zu praktizieren.

**1. und 2. Woche – Armschwere**

Legen Sie sich bequem auf den Boden, die Beine leicht auseinander, Arme locker neben dem Körper, die Handflächen zeigen nach oben. Nun schließen Sie die Augen, konzentrieren sich fest auf Ihren Arm und spüren ihn. Stellen Sie sich vor, dass der rechte (bei Linkshändern der linke) Arm schwer wird.

Sprechen Sie folgende Formel: „Mein rechter Arm ganz schwer." Lassen Sie sich durch nichts ablenken! Nur ein Gedanke leitet Sie: „Arm ganz schwer. Völlig angenehm!"

Nach einigen Minuten beenden Sie Ihre erste Übung. Ziehen Sie dafür Ihre Arme mehrmals ruckartig zum Körper hin. Dann strecken Sie sich mehrere Male aus, so wie beim morgendlichen Dehnen und Strecken. Auch das Zurücknehmen wird durch eine Formel eingeleitet: „Tief ein- und ausatmen, Augen öffnen und Arme bewegen!"

Machen Sie es sich ganz bewusst, dass Sie nur die Muskelentspannung zurücknehmen wollen. Die andere Entspannung, Ihr wirksames Schutzschild gegen Ärger, soll weiterhin in Ihrem Körper ruhen!

**Tipp:**

Diese Übung kann man zur Abwechslung auch mit den Füßen oder Beinen durchführen. Die Formel dazu: „Füße (Beine) ganz schwer."

**3. und 4. Woche – Wärme spüren**
Mit dem nächsten Schritt lernen Sie Wärmeübungen. Diese dienen der Gefäßentspannung, dem intensiveren Erleben von Wärme und der gezielten Erholung des Herz-Kreislaufsystems. Während dieser Übungen wird der Körper verstärkt mit Blut und Sauerstoff versorgt.

Legen Sie sich wieder bequem auf den Boden. Ihre jetzige Formel lautet: „Rechter (linker) Arm ganz warm!" Falls Sie Wärme als störend empfinden, lautet Ihre Formel: „Arm angenehm warm!" Auch hier sind Übungsvarianten mit den Beinen oder der Schulter möglich.

Vergessen Sie die Rückführung (Arme ruckartig zum Körper ziehen) nicht! Durch konsequentes Training erreichen Sie die beiden Übungszustände Schwere und Wärme immer schneller. Automatisch dehnen sich diese Übungszustände dann von den Armen oder Beinen in den übrigen Körper aus.

**Tipp:**

Stellen Sie sich Wärme bildlich vor. Denken Sie zum Beispiel an einen herrlich warmen Tag am Strand oder an einen besonders sonnigen Tag!

**5. und 6. Woche – Ruhiges Herz**
Sie legen sich wieder bequem in der Ihnen inzwischen schon sehr vertrauten Lage auf den Boden.

Ihre Formel lautet jetzt: „Herz schlaf ruhig und regelmäßig!“ Für Neulinge des Autogenen Trainings mag es anfangs nicht ganz einfach sein, sich auf das eigene Herz zu konzentrieren. Gelingt es, haben gerade Anfänger oft das Gefühl, dass ihr Herz kräftiger schlägt. Ein Phänomen, das aber nach einiger Zeit wieder vergeht.

**Tipp:**

> Wem es anfangs schwer fällt, sich auf sein Herz zu konzentrieren, sollte folgende Formel anwenden: „Puls schlägt ruhig und regelmäßig!“

**7. und 8. Woche – Bewusst atmen**

Unsere Atmung wird vegetativ gesteuert, d. h. sie findet unabhängig von unserem Willen statt. Analog zu dieser „Passivität“ beginnen die Formeln für die Durchführung der Übungen nicht mit „ich“ oder „mein“ sondern „es atmet mich“ oder „Atmung ruhig und regelmäßig!“ Versuchen Sie nicht, Ihren Atem bewusst zu steuern. Lassen Sie den Atemvorgang einfach in sich geschehen. Je mehr Ihnen das gelingt, desto eher werden Sie Ihren ganz persönlichen Atemrhythmus finden.

**9. und 10. Woche – Sonnengeflecht entdecken**

Hinter dem Wort „Sonnengeflecht“ (lat. plexus solaris) verbirgt sich ein weitreichendes verzweigtes Nervengeflecht, das sich strahlenförmig von einem

Punkt oberhalb des Bauchnabels aus nach allen Seiten hin ausbreitet und zu fast allen Organen im unteren Körper führt, wie z. B. Leber, Milz, Galle und Nerven. Die erzielte Wärme kommt daher dem gesamten Magen- und Darmbereich zugute, der durch Ärger oft in Mitleidenschaft gezogen wird!

Um sich jedoch die Formel „Mein Sonnengeflecht strömend warm“ bildlich vorstellen zu können, muss man natürlich erst einmal den genauen Sitz des Sonnengeflechts im Körper kennen: Es liegt zwischen den Brustwarzen und dem Nabel, genauer gesagt, ganz zentral am unteren Ende des Brustbeines.

**Tipp:**

Da das Sonnengeflecht in engem Zusammenhang mit dem vegetativen Nervensystem steht, wird durch diese Übungen eine immense Vertiefung der Entspannung und damit der inneren Ruhe erreicht.

**11. und 12. Woche – Kühle Stirn**

Ärger verursacht leider oft Kopfschmerzen. Ihr Ziel sollte es sein, auch in ärgerlichen Situationen einen „kühlen Kopf“ zu bewahren! Denn durch eine Kühlung des Kopfes werden die Arterien leicht verengt. Das heißt, die weitgewordenen Blutgefäße werden durch die Kühlung gestrafft und die Durchblutung des Kopfes ganz leicht vermindert.

Mit dieser letzten Grundübung des Autogenen Trainings wird die allgemeine innere Ruhe besonders verstärkt.

Ihre Formel lautet: „Stirn angenehm kühl!“ Verbinden Sie nie mit dem Wort „Kühle“ Kälte, sonst können heftige Kopfschmerzen oder Schwindel auftreten. Kühle ist ein angenehmer Zustand, Kälte hingegen wird von den meisten Menschen als negativ empfunden und kann Sie daher hindern, Ruhe zu erlangen.

Bei dieser letzten Grundübung geht es ausnahmsweise nicht um die Erzeugung von Wärme, sondern von angenehmer Kühle.

## Die richtige Atmung

Fehlatmung als Folge von Ärger, wie zum Beispiel hektisch-oberflächliche Kurzatmung, wirkt sich nicht nur ungünstig auf den gesamten Organismus, sondern zugleich auch auf die innere Ruhe und Gelassenheit aus.

Richtiges Atmen lässt sich durch ein wenig Übung leicht erlernen und ist gerade in ärgerlichen Situationen eine wichtige Technik, um Ruhe und Objektivität zu bewahren!

Atemübungen lassen sich fast immer und überall durchführen. Allerdings sollten Menschen mit Herz- und Kreislaufbeschwerden vor Beginn der Übungen Rücksprache mit ihrem behandelnden Heilpraktiker oder Arzt halten.

Geübt wird möglichst an der frischen Luft, in der freien Natur oder an einem geöffneten Fenster. Dadurch helfen Sie Ihrem Körper, genügend Sauerstoff aufzunehmen. Übertreiben Sie nicht bei der Durchführung! Dreimal je 15 Atemzüge durchführen reicht!

Das Einatmen erfolgt immer durch die Nase, das Ausatmen bei geschlossenen Lippen, also gegen den Lippenwiderstand, durch den Mund. Atmen Sie immer doppelt so lange aus wie ein. Atmen Sie solange aus, bis Sie wirklich das Gefühl haben, dass sich keinerlei Restluft mehr in Ihrem Körper befindet.

Dieser Zustand ist am Anfang sicherlich etwas ungewöhnlich, aber mit ein bisschen Training werden Sie bereits nach kurzer Zeit feststellen, dass sich die Ausatmungszeit erheblich verlängert hat!

Die beste Möglichkeit, richtiges Atmen zu üben, bietet sich im Liegen. Später jedoch sind Sie so fit, dass Sie auch im Stehen oder Sitzen Atemübungen durchführen können.

## Bauchatmung

Atmen Sie ganz tief aus und entspannen Sie sich dabei. Dann wird tief in den Bauch eingeatmet, wobei dieser sich sichtbar nach außen wölben muss! Vermeiden Sie gepresste Atmung und achten Sie auf ein lockeres und rhythmisches Ein- und Ausatmen! Beim Ausatmen lassen Sie den Bauch in sich zusammensinken.

**Tipp:**

Um die angestrebte Wirkung zu verbessern, legen Sie sich anfangs ein dickes Buch auf den Bauch und atmen gegen den Widerstand des Buches. Dadurch können Sie Ihr Gespür für korrekte Bauchatmung schulen.

## Brustatmung

Atmen Sie ganz tief aus und versuchen Sie, sich dabei zu entspannen. Dann atmen Sie wieder tief durch die Brust ein. Beachten Sie, dass sich der Bauch dabei nicht vorwölben darf! Beim Ausatmen lassen Sie den Brustkorb wieder richtig in sich zusammensinken.

## Vollatmung

Diese Atemtechnik ermöglicht es Ihnen, auch in besonders angespannten Ärgersituationen mit der notwendigen Ruhe, Souveränität und Gelassenheit zu reagieren.

Atmen Sie tief aus und entspannen Sie sich völlig dabei. Dann atmen Sie tief in den Bauch ein, nehmen diesen wieder etwas zurück und atmen zusätzlich durch die Brust ein. Der Brustkorb wölbt sich dabei etwas vor. Ausgeatmet wird, indem man zuerst den Bauch, dann die Brust in sich zusammenfallen lässt.

**Tipp:**

> Als Anfänger von Atemübungen hilft leises Mitzählen: Das Ausatmen muss doppelt so lange wie das Einatmen dauern!

## Fußreflexzonenmassage

Die Füße stellen ein Abbild des Körpers dar. Einzelne Zonen stehen für bestimmte Körperteile oder innere Organe. Durch Massage können diese Fußreflexzonen aktiviert werden und heilend, zum Beispiel auf angeschlagene Nerven, wirken. Eine genaue und zielorientierte Fußreflexzonenmassage kann jedoch nur von einem Fachtherapeuten durchgeführt werden. Doch Sie können sich in Ihren eigenen vier Wänden selbst auch gut helfen! Durch eine täglich angewandte Selbstmassage werden die inneren Organe gestärkt und zugleich die gesamte Harmonie im Körper gefördert. Dazu braucht man lediglich einen Reflexzonenroller. Dieses Gerät, in Apotheken und oft auch in Drogerien erhältlich, besteht aus vielen Holzrollen, über die Sie einfach mit Ihren Fußsohlen gleiten. Diese Massage ist einfach durchzuführen, aber dennoch mit großer Wirkung!

## Die fünf Tibeter

Die Wurzeln dieser fernöstlichen Entspannungstechnik findet man im Hinduismus.

Bei dieser bekannten Entspannungsform geht man davon aus, dass der Körper in sieben verschiedene Energiezentren (Chakren) eingeteilt wird. Durch bestimmte Übungen, die relativ leicht durchzuführen sind, werden die sieben Energiezentren zum schnelleren Drehen angeregt und verbreiten dadurch im ganzen Körper die nötige Lebensenergie sowie Harmonie und sorgen zugleich auch für inneres Gleichgewicht.

## Spielen Sie Propeller!

Bei der ersten Übung strecken Sie einfach beide Arme waagerecht nach links und rechts aus und drehen sich nun wie ein Propeller mehrmals im Kreise herum.

Kurz bevor Sie wieder anhalten, legen Sie die Innenseiten der Handflächen vor dem Gesicht aneinander und konzentrieren den Blick auf die Daumen. Dadurch wird Ihnen das Stoppen wesentlich leichter gemacht! Für den Anfang genügen ca. zehn Drehungen, später erhöhen Sie auf 15 bis 20 Drehungen.

### Tipp:

Anfangs wird Ihnen sicherlich sehr schnell schwindelig werden. Dann sollten Sie sofort mit der Übung aufhören und zu einem anderen Zeitpunkt damit fortfahren!

## Strecken Sie die Beine in die Luft!

Bei der zweiten Übung legen Sie sich flach auf den Rücken, die Arme locker an beiden Körperseiten, die Finger sind fest zusammen. Verkrampfen Sie sich dabei nicht! Heben Sie nun den Kopf vom Boden weg, ziehen Sie das Kinn nach unten und bringen die ausgestreckten Beine gleichzeitig senkrecht nach oben, ähnlich wie bei einer Kerze. Der Rücken muss dabei immer auf dem Boden bleiben! Beim Heben der Beine langsam einatmen, beim Senken ausatmen.

**Tipp:**

Anfängern ist es erlaubt, beim Heben bzw. Senken der Beine diese leicht anzuwinkeln!

## Knien, um den Ärger zu vergessen

Für die dritte Übung knien Sie sich auf den Boden und halten Ihren Oberkörper gestreckt. Achten Sie darauf, dass Ihre Zehen aufgestellt sind! Neigen Sie nun Ihren Kopf zur Brust hin, atmen Sie tief aus und biegen Sie den Kopf nach hinten. Tief einatmen!

**Tipp:**

Beenden Sie die Übung sobald Sie das Hinterbeugen als unangenehm empfinden!

## Schweben Sie über dem Boden

Setzen Sie sich auf den Boden und bringen Sie Ihren Rücken in eine senkrechte Position. Die Beine liegen leicht auseinander, mit den Armen stützen Sie sich ab. Lassen Sie den Kopf zuerst nach vorne, dann nach hinten sinken.

Nun winkeln Sie Ihre Beine an, stützen sich mit den Armen ab und drücken den ganzen Körper nach oben. Ihr Rumpf „schwebt“ nun über dem Boden, die Beine halten Sie im rechten Winkel abgeknickt, und die Arme sind fest durchgedrückt. Tief durchatmen, dann in die Ausgangsposition zurückkehren.

**Tipp:**

Die Durchführung erfordert etwas Übung. Verzweifeln Sie daher nicht, wenn Ihnen das Ganze anfangs nicht gleich gelingt!

## Machen Sie einen Katzenbuckel!

Für die fünfte Übung ruht Ihr Körper auf den Händen (Arme durchgestreckt!) und Zehen. Der Bauch zeigt in Richtung Boden, der Rücken zur Decke. Die Wirbelsäule muss nach unten durchgebogen sein, der Kopf deutet nach oben. Nun biegen Sie den Rücken nach oben, sodass Sie die Position eines „V“ einnehmen. Achten Sie darauf, dass Ihr Kinn gleichzeitig zur Brust wandert.

**Tipp:**

| |
|---|
| Beim Heben des Körpers muss eingeatmet, beim Senken ausgeatmet werden! |

## Zufriedenes Wohnen mit Feng Shui

Unter diesem Begriff versteht man die chinesische Kunst des gesunden Wohnens, eine nicht nur in China seit Jahrtausenden erfolgreich praktizierte Methode, seine Wohnung bzw. seinen Arbeitsplatz gesund einzurichten. Denn durch gezielt eingesetzte Hilfsmittel und sinnvolle Möbelstellung kann in den eigenen vier Wänden oder am Arbeitsplatz Ärger bereits im Ansatz vermieden werden.

Harmonie und Balance sind dabei ebenso entscheidende Faktoren wie das Chi, also die Kraft, die den Menschen mit seiner Umgebung verbindet, um ihn in körperlicher und emotionaler Balance zu halten. Sinn und Zweck von Feng-Shui ist es, das Chi voll auszunutzen, es zu steigern, um so das Leben positiver zu gestalten und Ärger zu vermeiden.

Ein praktisches Beispiel verdeutlicht die Theorie von Feng Shui:

Ein Bett in der Wohnung sollte ein bequemer, sehr geliebter Ort sein, an dem man sich entspannen und erholen kann. Stellt man die Ruhestatt zum Beispiel in die Nähe einer knarrenden, quietschenden Tür, beginnt das Herz im Schlaf schneller zu schlagen, das Nervensystem wird negativ beeinflusst und so Ärger gefördert.

Da die Chinesen seit alters her fest davon überzeugt sind, ihr Leben sei eng mit der Umwelt verbunden, beinhaltet Feng Shui die Absicht, den harmonischsten und günstigsten Ort zum Arbeiten und Leben zu finden. Denn einige Orte sind glücksbringender als andere Orte, die wiederum mehr Ärger hervorrufen. Doch wie sieht diese Lehre nun genau in der Praxis aus?

## Spiegel

Schmücken Sie Ihr Haus mit vielen Spiegeln. Denn durch Spiegel werden – laut Feng Shui – negative Einflüsse abgewendet. Die Größe der Spiegel spielt dabei eine nicht so große Rolle wie die Aufhängung: Dem Betrachter darf nie der Kopf abgeschnitten werden! Das senkt das Chi der Bewohner und verursacht Ärger. Auch sollten keine Spiegelkacheln verwendet werden, sondern nur ganze Spiegel.

## Glocken

Glockenspiele, an Eingangstüren aufgehängt, vertreiben allen Ärger und alles Böse, das die Bewohner des Hauses oder der Wohnung bedrohen könnte. Es gibt sie in verschiedenen Größen und Varianten in chinesischen Läden zu kaufen. Auch die fast überall erhältlichen Windspiele haben beruhigende Wirkung.

## Grünpflanzen

Pflanzen stellen nicht nur eine optische Zierde für jeden Raum dar und symbolisieren Natur, sondern schaffen ein ausgeglichenes Chi. Gedeiht die Pflanze gut, geht es auch dem Menschen nicht anders, der in diesem Raum lebt und arbeitet. Stellt man grüne Oasen links und rechts von einer Tür auf, zieht man damit das Chi magisch an.

## Farben

Ein Raum, in unterschiedlichste Farben getaucht, hat auf den Betrachter eine andere Wirkung als einer mit weißen Wänden. Die Farbe Grün bedeutet u. a. Gelassenheit und hält Ärger fern.

Gelb, die Sonnenfarbe, stellt u. a. Lebensfreude und positives Denken dar.

Rot wird gerne in Wohnungen von frisch Vermählten verwendet, denn es symbolisiert Glück. Außerdem beeinflusst es das Gemüt positiv.

Diese kleinen Farbanregungen gelten lediglich als Anregung. Sie müssen nicht Ihre ganze Wohnung neu „einkleiden“, um die gewünschte Wirkung zu erzielen. Kleine Details, geschickt plaziert, zeigen auch große Wirkung. Zum Beispiel neue Vorhänge, farbige Bilder an den Wänden, Couchkissen, Tischtücher oder Teppiche.

Generell gilt jedoch: Erlaubt ist, was Ihnen ganz persönlich gefällt. Schrecken Sie auch vor ungewöhnlichen oder schrillen Farbkombinationen nicht zurück, wenn Sie Ihnen gefallen.

**Tipp:**

| |
|---|
| Überprüfen Sie in Ihren eigenen vier Wänden die Farbgebung. Bringen Sie mehr Farbe in Ihr Zuhause und halten Sie dadurch Ärger fern! |

## Möbel

Den Esstisch sollte man nicht zu nahe an der Zimmertür aufstellen, da sonst das günstige Chi aus dem Raum fliehen kann und durch Negatives ersetzt wird.

Die Tischform sollte entweder quadratisch, rund oder oval sein. Ärger bringt ein Tisch mit fehlenden Ecken!

Besonders viel Harmonie und Glück sagt man einer gleichseitigen Achteck-Tischform nach.

Natürlich sollte eine Couchecke ein gemütlicher Kuschelplatz für ruhige erholsame Stunden sein, ein Ort zum Wohlfühlen. Doch bei Feng Shui hat dieses Wohlfühlen weniger mit der Polsterqualität zu tun als mit der Anordnung.

Ein geometrisches Aufstellen von Couch, Sessel und Beitisch führt zu zwischenmenschlichen

Konfrontationen. Das kann durch eine unkonventionellere Aufstellung vermieden werden.

Überprüfen Sie nach diesem Gesichtspunkt Ihr Wohnzimmer. Verrücken Sie nach Herzenslust, probieren Sie verschiedene Sitzanordnungen aus. Lassen Sie jeden der Vorschläge einige Tage optisch einwirken und wählen Sie dann die für Sie optimale Lösung.

Kennzeichen eines jeden Büros ist ein Schreibtisch. Von diesem Standort geht Autorität, Macht und Ansehen aus. Eine falsche Position dieses Möbelstückes kann jedoch Ärger magisch anziehen.

Daher sollte ein Schreibtisch diagonal, möglichst weit von der Eingangstür entfernt, positioniert werden. Auch sollten Stellplätze direkt an der Wand vermieden werden. Ebenso sollte man nie mit dem Rücken, sondern immer mit dem Gesicht zur Tür sitzen.

## Couéismus: die eigene Kraft entdecken

Diese Entspannungsmethode wurde vom französischen Apotheker Emile Coué (1857–1926) entdeckt.

Coué, der von 1910 bis 1926 eine Klinik für Psychotherapie leitete, konnte mit seiner Methode der Autosuggestion nachweisbare und zudem auch dauerhafte Heilerfolge erzielen.

Er ging davon aus, dass jeder Mensch in sich eine unbewusste Kraft hat, die zum Beispiel innere Ruhe und Gelassenheit zu erzeugen vermag. Die Technik, diese Kraft (Coué nannte sie „unbewusstes Ich“) selbst zu beeinflussen, bezeichnete er als Autosuggestion.

Selbstbeeinflussung betreibt jeder mehr oder weniger intensiv. Sie kennen sicherlich den folgenden Effekt:

Sie denken an etwas Saures, zum Beispiel an eine Zitrone, und schon läuft Ihnen der Speichel im Mund zusammen. Denn das vegetative Nervensystem und die Speicheldrüsen glauben sofort, dass sie es wirklich mit einer Zitrone zu tun haben. Das ist Autosuggestion – an einem einfachen Beispiel erklärt.

Die Suggestionsmethode besteht aus einer einzigen Formel, die heißt: „Es geht mir jeden Tag besser – in jeder Hinsicht – immer besser und besser!“ Sprechen Sie dieses Leitmotiv täglich, so oft es die Zeit erlaubt, in entspannter Körperhaltung leise vor sich hin, mindestens jedoch 20mal. Sie werden spüren: Es geht Ihnen dann wirklich besser!

Bei großem Ärger fügen Sie folgende Formel hinzu: „Das geht vorbei, das geht vorbei!“ Sowohl durch den Inhalt der Sätze als auch durch die monotone Wiederholung erreichen Sie den Zustand tiefer innerer Ruhe und Entspannung.

**Tipp:**

> Üben Sie nicht unter Zwang, sondern nur aus freien Stücken! Autosuggestion kann nur dann den gewünschten Erfolg bringen, wenn sie absolut freiwillig praktiziert wird!

## Heiße Luft vertreibt Ärger

Gerade während der kalten Wintertage sollten Sie sich einmal pro Woche einen Saunabesuch gönnen. Hier vergessen Sie schnell den erlebten Ärger. Der Körper wird locker, entspannt und angestauter Ärger verfliegt beim Aufenthalt in der heißen Sauna.

Die Wirkung der Sauna besteht in dem Wechsel zwischen heißer trockener Luft (bis 95 °C) und kalten Bädern und/oder kalter Außenluft. Beste Saunazeit ist der späte Nachmittag. Achten Sie darauf, dass Ihre letzte Mahlzeit mindestens zwei Stunden zurückliegt.

Für einen Saunabesuch planen Sie ca. zwei bis drei Stunden ein. Anfänger sollten nicht länger als acht Minuten in der heißen Luft bleiben, „Fortgeschrittene“ bis 15 Minuten.

Zwei- bis dreimal findet der Wechsel zwischen heiß und kalt statt. Zwischendurch ist es sehr wichtig, ausreichend lange Ruhepausen einzulegen!

**Merke:**

> Einen Saunabesuch beendet man immer mit einer kalten Anwendung!

Um den Wasserverlust des Körpers auszugleichen, sollten Sie im Anschluss an den Saunabesuch reichlich Mineralwasser oder Fruchtsaft trinken, auf keinen Fall Alkohol.

## Baden Sie in einem Meer von Ruhe!

Einmal wöchentlich sollten Sie sich ein schönes Wannenbad gönnen. Durch diese Anwendung führen Sie dem Körper Wärme zu, der Stoffwechsel wird aktiviert und die Muskeln erschlaffen. Allgemeine Beruhigung und Entspannung sind die Folge!

Die ideale Wassertemperatur sollte zwischen 37 °C und maximal 39 °C liegen. Verstärkt wird die beruhigende Wirkung noch durch etliche Badezusätze natürlicher Herkunft. Besonders empfehlenswert sind Baldrian, Fichtennadel, Hopfen, Kalmus, Lavendel und Melisse.

Gönnen Sie sich nach dem langen Bad unbedingt eine Ruhepause! Packen Sie sich in eine warme Decke ein, legen Sie sich gemütlich auf eine Couch oder in das Bett und relaxen Sie. Lassen Sie sich durch nichts und niemanden aus der Ruhe bringen und vermeiden Sie Ablenkungen.

# Ausgeglichenheit durch gutes Schlafen

Jeder dritte Bundesbürger leidet unter zeitweiligen oder chronischen Schlafstörungen. Man kann nicht einschlafen, wälzt sich unruhig auf dem nächtlichen Lager hin und her, schläft zwischendurch kurz ein und wacht schließlich völlig gerädert auf.

Schlechte Voraussetzungen für einen ärgerfreien Tag! Man ist nervös, körperlich nicht ausgeruht, und das Nervensystem verträgt keinerlei Belastungen mehr. Man reagiert äußerst gereizt und überempfindlich und legt jedes Wort sofort auf die Goldwaage. An solchen Tagen ist völlig klar – Sie reagieren empfindlicher auf Ärger und dazu wird es im Verlauf des Tages unter den Voraussetzungen auch sicherlich kommen!

Sie selbst haben es also in der Hand, gute Voraussetzungen für einen Tag ohne Ärger zu schaffen. Beherzigen Sie die folgenden Tipps für einen guten Schlaf, und bereits nach kurzer Zeit werden Sie erstaunt feststellen, dass sich Ihre Schlafqualität deutlich verbessert hat. Sie können gut gerüstet in den neuen Tag gehen, weil Sie wie neu geboren aufwachen und sagen: „Heute habe ich wieder herrlich geschlafen!“

## Tipps für einen guten Schlaf

- Trinken Sie vor dem Schlafengehen einen Kräutertee, möglichst heiß und in kleinen

Schlucken. Folgende Kräuter, die Sie je nach persönlichem Geschmack auch als Kräutermischung verwenden können, eignen sich besonders gut als Ein- und Durchschlafhilfe: Baldrian, Weißdorn, Melisse, Johanniskraut und Hopfen. Aber auch ein Glas mit heißer Milch und Honig wirkt schlaffördernd.

- Vermeiden Sie nach Möglichkeit alle Arten chemischer Schlafmittel. Es besteht bei zu häufiger Einnahme Suchtgefahr und auch mögliche Nebenwirkungen sollten Sie von der Einnahme abhalten!

- Überprüfen Sie mit kritischem Auge Ihr Bett. Das Holz des Bettrahmens darf nicht mit chemischen Mitteln behandelt sein. Duftende Naturmaterialien, wie zum Beispiel Kräuterfirnis oder Bienenwachsbalsam sind ein gesunder Ersatz und verhelfen Ihnen zu gesundem Schlaf.

- Der Lattenrost sollte an den Füßen und am Kopf individuell verstellbar sein. Zu weiche Matratzen schaden Ihnen! Achten Sie beim Matratzenkauf auf Naturmaterialien, wie zum Beispiel Rosshaar, Schafschur- oder Baumwolle, Leinen, Kokosfasern oder Stroh. Diese Materialien betten den Körper nicht nur bequem, sondern sind auch luftdurchlässig und sorgen für ein angenehmes „Schlafklima".

- Leintücher sollten, wie der Name schon andeutet, aus Leinen (100 %) bestehen. Aber auch Baumwolle oder ein Baumwollleinengemisch ist hier erlaubt.

- Die Zudecke besteht im Winter aus reiner Schafschurwolle, im Sommer hingegen aus naturbelassener Baumwolle. Damit die Füllung nicht verrutschen kann, sollte der Bezug abgesteppt sein.

- Die Kissen sollten immer frisch aufgeschüttelt sein, damit sie ständig Luft an die Haut lassen, einen Wärmestau verhindern und auch Feuchtigkeit aufnehmen können. Sie sollten mit Naturmaterialien, zum Beispiel mit der leichten Pflanzenfaser Kapuk oder Dinkelspelzen (Getreideschalen) gut gefüllt sein. Falls es der Straßenlärm erlaubt, sollten Sie unbedingt Ihr Schlafzimmerfenster kippen. Denn frische Luft fördert den gesunden Schlaf.

- Nehmen Sie zu später Stunde keine opulenten Mahlzeiten ein. Mit vollem Magen schläft es sich nicht gut!

- Freuen Sie sich vor dem Einschlafen auf Ihr gemütliches Bett, die weiche und warme Kuscheldecke und die schönen Träume, die Sie haben werden. Denn wer gerne ins Bett geht, schläft auch besser.

- Gönnen Sie sich so viel Schlaf, wie Ihr Körper braucht. Jeder Mensch hat seinen eigenen individuellen Schlafrhythmus. Der eine schläft länger, der andere kommt mit weniger Schlaf aus. Berücksichtigen Sie Ihr ganz persönliches Schlafbedürfnis und geben Sie Ihrem Körper die Schlafzeit, die er auch wirklich braucht, um sich zu erholen. Hören Sie auf Ihre innere Uhr!

## Weniger Ärger und Stress durch bewusste Ernährung

Dass uns falsche Ernährung krank machen kann, ist eine Binsenweisheit. Nahrung ist der Grundbaustein unseres Lebens. Sie liefert uns Vitamine, Mineralien, Ballaststoffe und Kohlenhydrate, die wir benötigen. Ein gesunder, sinnvoll ernährter Mensch erfüllt die täglichen Anforderungen an ihn leichter als jemand, der sich einseitig oder falsch ernährt. Hinzu kommt, dass die Abwehrkräfte seines Immunsystems stressresistenter werden.

Amerikanische Wissenschaftler haben monatelang über die sinnvolle Zusammensetzung unserer Nahrung geforscht. Ihre Ergebnisse stellten sie ebenso einfach wie prägnant in der so genannten „Ernährungspyramide“ dar.

Diese Pyramide „funktioniert“ von unten nach oben, d. h., der untere Teil ist als Basis unserer Ernährung anzusehen. Je weiter sich die Pyramide nach oben verjüngt, umso sparsamer sollten Sie bei Ihrer Nahrungsaufnahme mit den aufgeführten Lebensmitteln sein.

**Merke:**

Eine gesunde Ernährung hilft Ihnen langfristig und beständig, stress- und ärgerresistenter zu werden.

„In einem gesunden Körper steckt ein gesunder Geist", sagt der Volksmund. Und ein gesunder Geist ist weitaus weniger stress- und auch ärgeranfällig.

Beachten Sie:
Falsche Ernährung kann auch krank machen. Die gesundheitsschädigende Form der Nahrungsaufnahme beginnt schon am frühen Morgen mit der rasch im Stehen konsumierten Tasse schwarzen Kaffees. Sie setzt sich dann den ganzen Tag über durch schnelle Mahlzeiten, die Sie in zu kurzer Zeit und oft in viel zu großen Mengen zu sich nehmen, fort. Beim gestressten Menschen kommt noch hinzu, dass er sich aus Frustrationsgefühlen heraus zu einseitig oder falsch ernährt. Die durch den Stress auftretenden chemischen Veränderungen im Blut sollten nicht durch falsche Ernährung zusätzlich gefördert werden.

**Merke:**

Derartiges Verhalten kann wie ein Bumerang auf Sie zurückkommen. Der Ärger beginnt von vorne. Die Folgen können Sie dann in Gestalt von Übergewicht, Bluthochdruck, Gicht oder als Herzinfarktpatient zu spüren bekommen. Derartigen gesundheitlichen Risiken sind wir alle täglich ausgesetzt.

Beispiel:
Beobachten Sie doch einmal Ihr eigenes Verhalten in einer Stress- oder Ärgersituation. Vielleicht sagen Sie: „Das machen meine Nerven nicht mehr mit. Ich brauche jetzt unbedingt erst einmal etwas zu essen."

Sie sind sehr angespannt und möchten sich beruhigen. Sie verspüren einen regelrechten Heißhunger und möchten etwas essen. Wählen Sie in solch einer Situation einen Joghurt, Reis- oder Müsliriegel? Oder greifen Sie doch eher zu Schokoriegel, Pralinen oder Currywurst mit Pommes und Ketchup?

Wir behaupten einfach einmal, dass Sie den Joghurtbecher oder Müsliriegel stehen lassen und sich für etwas Deftiges entscheiden, klingt Ihnen doch immer noch der wohl gemeinte Ratschlag Ihres Kollegen in den Ohren: „Iss erst einmal etwas Kräftiges. Wenn der Magen etwas zu tun bekommt, wirst du automatisch wieder ruhiger." Als dauerhafte Lösung ist ein solches Verhalten jedoch eher ungeeignet.

**Tipp:**

Setzen Sie Ihre Essgewohnheiten einmal in Bezug zu der dargestellten Ernährungspyramide und vergleichen Sie die einzelnen Bausteine in ihrer Wichtigkeit mit ihrer eigenen Ernährungsweise.

## Ernährungspyramide

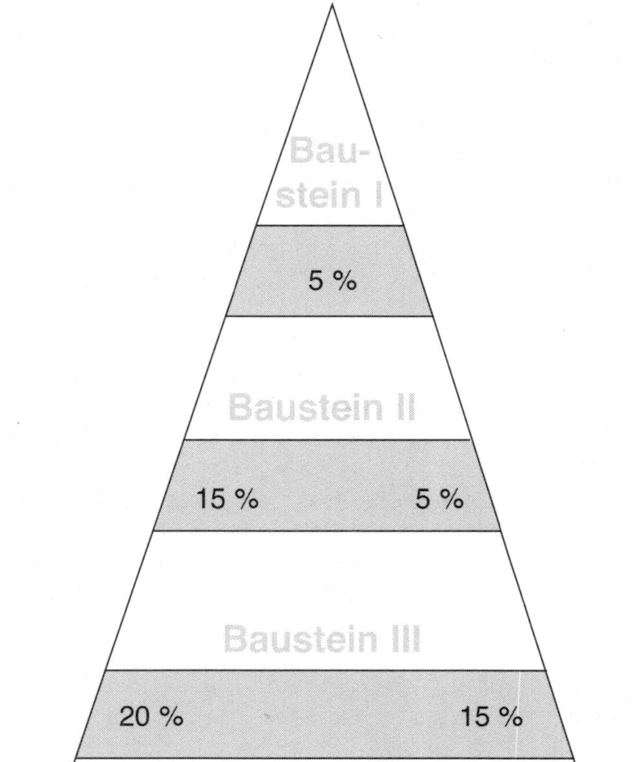

Wenn Sie belastbarer und ausgeglichener werden und gesünder leben wollen, sollten Sie künftig an Ihren Essgewohnheiten größere oder kleinere Korrekturen vornehmen.

So lesen Sie die Ernährungspyramide:

**Baustein I: 5 %**

Gehen Sie sparsam mit Fetten und Zucker um.

**Baustein II: 15 %**

Milchprodukte enthalten Vitamine und Kalzium, aber auch versteckte Fette.

**Baustein II: 5 %**

Fleisch, Wurst und Fisch, aber möglichst mager.

**Baustein III: 20 %**

Frisches Gemüse oder roher Salat, so oft wie möglich.

**Baustein III: 15 %**

Obst, so oft und wann immer Sie es mögen. Es ist reich an Vitaminen und Ballaststoffen.

Baustein IV: (Basisbaustein) 40 %

Getreideprodukte (Brot, Reis, Nudeln), vollwertig. Unentbehrliche Kohlenhydrat- und Ballaststofflieferanten.

Durch das Studium der Ernährungspyramide haben Sie einen Überblick darüber bekommen, aus welchen Bestandteilen sich Ihre Nahrung zusammensetzen sollte. Doch nicht nur das „Was“, sondern auch das „Wie“ ist bei der Nahrungsaufnahme entscheidend.

Beachten Sie:
Ein ausgewogenes Frühstück mit Vollkornbrot, Joghurt und Obst, das in aller Ruhe eingenommen wird, gibt Ihnen von Anfang an die richtige Grundlage, um mit den Problemen des Alltags besser fertig zu werden.

Leichte, nährstoff- und vitaminreiche Kost, über den Tag verteilt in fünf Mahlzeiten eingenommen, hält Sie körperlich fit und geistig belastbar.

**Tipp:**

Lassen Sie sich Zeit beim Essen. Kauen Sie jeden Bissen lange. Das hat zwei Effekte: Die Nahrung wird im Mund optimal vorbereitet. Magen und Darm haben es dadurch leichter, die Nährstoffe herauszufiltern und aufzunehmen.

Wichtig:
Vermeiden Sie Essen im Stehen. Sehr oft verlieren Sie dabei die Kontrolle über die Menge, die Sie gerade verzehrt haben. Spülen Sie die Nahrung nicht hastig und nur halbzerkaut mit Getränken hinunter. Eines der Hauptprobleme, wenn es um das Thema Ernährung geht, ist das Übergewicht. Es belastet unseren Körper und wirkt sich auf Herz und Kreislauf aus. Die Ursachen des Übergewichts liegen in den wenigsten Fällen in organischen Funktionsstörungen, sondern meistens in gewohnheitsmäßiger, falscher Nahrungsaufnahme, beispielsweise zu viel Fett und Zucker in Verbindung mit einem Bewegungsdefizit.

**Tipps zur richtigen Ernährung:**

- Diäten oder Wunderkuren sind nicht erforderlich, wenn Sie sich einen abwechslungsreichen Ernährungsplan aufstellen und einhalten.

- Abnehmen oder das kontinuierliche Halten des Gewichts bedeutet nicht, dass Sie auf gutes Essen verzichten müssen.

- Entscheidend ist, dass Sie auf die Qualität des Essens statt nur auf die Quantität achten sollten. Eine ideale Nahrung ist reich an Eiweiß, Vitaminen und Mineralstoffen, arm an Zucker und vor allem arm an Fett.

- Meiden Sie vor allem tierische Fette. Greifen Sie zu Obst und Gemüse, diese enthalten viele Vitamine, Ballaststoffe und Mineralien.

Mit ein paar kleinen Tricks können Sie außerdem Ihren Hunger, wenn er auftritt, überlisten:

- Essen Sie vor dem Hauptgang einen Salat oder eine leichte Suppe. Das dämpft den ersten Hunger mit wenig Kalorien und das Sättigungsgefühl kann sich schon entwickeln. Es dauert nämlich etwa 20 Minuten, bis der Magen dem Gehirn signalisiert: Das war genug.
- Teilen Sie Ihren Teller neu auf: Den meisten Platz sollten Gemüse, Reis, Nudeln oder Kartoffeln einnehmen. Für Fleisch und Soße nur wenig Platz lassen. Bereiten Sie die Mahlzeiten auf großen Tellern vor. Mit viel Gemüse und Rohkost dekorieren.

## Gegen Ärger ist ein Kraut gewachsen

Pflanzen waren die ersten Nahrungsmittel der Menschen und blieben lange Zeit auch die wichtigsten. Im Laufe der Zeit lernte der Mensch verschiedene Pflanzen kennen, deren „Zauberkraft“ es vermochte, „Krankheitsdämone“ aus dem Körper zu vertreiben – eine abergläubische Vorstellung, die sich bis in das 18. Jahrhundert erhalten hat.

Dioskurides schuf im 1. Jahrhundert n. Chr. mit seiner etwa 500 Heilpflanzen umfassenden „Großen Arzneimittellehre“ ein Werk, das heute noch die Grundlage aller Heilpflanzenforschungen darstellt.

„Gegen alle Krankheiten ist ein Kraut gewachsen“, heißt es so treffend im Volksmund. Natürlich auch gegen Ärger. Oder, genauer gesagt, für das Vermeiden von Ärger oder gegen die körperlichen Auswirkungen von Ärger.

Anhand der folgenden kleinen Auflistung lernen Sie verschiedene Heilkräuter kennen, die beruhigend wirken und dadurch Ärger vermeiden oder abbauen helfen.

Diese heilenden Kräuter stellt Ihnen zum größten Teil die Natur zur Verfügung! Oder Sie erhalten sie in Drogerien, Kräuterläden oder Apotheken.

Die Anwendungsgebiete sind vielseitig: Man kann aus ihnen wohlschmeckende Tees bereiten, Teemischungen selbst zusammenstellen oder mit frischen Kräutern einem zubereiteten Essen den letzten Pfiff geben.

**Baldrian**
(Valeriana officinalis)
Wegen des unangenehmen Geruches der frisch gezogenen Wurzel erhielt dieses Heilkraut im Volksmund auch den Beinamen „Stinkwurz“. Gesammelt werden die Wurzeln der Pflanze, aber erst nachdem alle Blätter abgestorben sind.

Baldrianwurzeln enthalten Alkaloide (stickstoffhaltige pflanzliche Stoffe), die u. a. beruhigend auf das vegetative Nervensystem wirken. Es zählt zu den bekannten und erfolgreichen Mitteln gegen Nervosität, Schlaflosigkeit und Stress.

**Beifuß**
(Artemisia vulgaris)
Bei dieser mehrjährigen Pflanze werden die frischen, noch knospigen Blüten gesammelt. Wegen seines sehr intensiven Geschmackes sollte man Beifuß beim Kochen nur sparsam verwenden.
Bereits geringe Mengen beruhigen die Nerven und wirken schlaffördernd. Beifuß eignet sich gut für eine Teemischung, zum Beispiel mit Baldrian, Zitronenmelisse und Kamille.

**Dill**
(Anethum graveolens)
Schon die alten Griechen und Römer verwendeten diese beliebte Pflanze zu Heilzwecken. Der Hauptinhaltsstoff ätherisches Öl (etwa drei bis vier Prozent) wirkt gegen nervöse Verdauungsbeschwerden.

**Fichte, gemeine**
(Picea abies)
Bei der Fichte werden die zerkleinerten Nadeln und Zapfen, die angenehm würzig riechen und scharf aromatisch schmecken, zu Heilzwecken verwendet. Wegen des hohen Anteils an Säuren und ätherischem Öl wirkt die Fichte bei Schlafstörungen und Nervosität heilend.

**Hafer**
(Avenium)
Diese gezüchtete Getreidesorte enthält unzählige wertvolle Inhaltsstoffe, wie zum Beispiel sehr viel

Eiweiß. Sie sollte deshalb fester Bestandteil Ihrer Ernährung sein. Nervöse Beschwerden werden durch Hafer gelindert, der Schlaf wird reguliert, körperliche und geistige Leistungsfähigkeit werden gesteigert.

**Hopfen, gemeiner**
(Humulus lupulus)
Dieses Schlinggewächs mit starker und verzweigter Wurzel liebt sehr feuchte Standorte. Gesammelt werden davon die weiblichen Fruchtstände. Wegen des hohen Anteils an beruhigenden Bittersäuren wirkt Hopfen beispielsweise positiv auf gereizte Nerven und wird gerne als mildes Einschlaf- und Beruhigungsmittel, bei Erregungszuständen, Gereiztheit und auch Schlafstörungen verwendet. Hopfen kann sowohl als beruhigender Tee angewendet werden, oder man gibt die Blüten in ein Kissen.

**Johanniskraut**
(Hypericum perforatum)
Am Namenstag von Johannes dem Täufer, zur Zeit des höchsten Sonnenstandes, steht das Heilkraut in voller Blüte. Johanniskraut ist vor allem auf relativ trockenen Böden zu finden. Wissenschaftliche Versuche bestätigen die beruhigende Wirkung, die man vor allem dem Flavonolglykosid Hyperosid zuschreibt. Diese altbewährte Heilpflanze findet u. a. sehr erfolgreiche Anwendung bei allen denkbaren Formen von Nervosität, Missmut, Erregtheit, Schlafstörungen und auch Niedergeschlagenheit.

**Kalmus, echter**
(Acorus calamus)
Diese Heilpflanze benötigt viel Wasser und ist daher an sumpfigen Stellen oder Uferregionen zu finden. Man verwendet die getrockneten Wurzelstöcke. Sie enthalten u. a. bis zu 3,5 % ätherisches Öl in wechselnder Zusammensetzung, dessen charakteristischer Bestandteil Asaron ist, das beruhigend wirkt.

**Kamille, römische**
(Anthemis nobilis)
Bei dieser Heilpflanze, deren Ähnlichkeit zur echten Kamille nicht zu leugnen ist, werden die Blütenköpfe verwendet. Auf Grund ihrer Inhaltsstoffe schreibt man dieser Pflanze u. a. krampflösende Wirkung auf den Magenbereich zu. Beruhigend wirkt ein kurz aufgebrühter Kamillentee. Auch Kamillenöl hat nervenstärkende Wirkung.

**Knoblauch**
(Allium sativum)
Das Wort leitet sich aus dem Althochdeutschen ab und bedeutet „gespaltener Lauch". In der gesunden Küche verwendet man nur die Zwiebel, da sie schmackhaft ist und gegen Bluthochdruck wirkt. Beim Kauf der Knollen sollte man auf frische Qualität achten! Denn nur bei frischer Ware kann beim Zerdrücken oder Zerreiben der Knolle der Inhaltsstoff Alliin durch Enzyme in das blutdrucksenkende Allicin verwandelt werden. Gegen den lästigen Knoblauchgeruch hilft das Kauen von Petersilie oder ein paar Blättern Minze.

**Lavendel**
(Lavandula angustifolia)
Bei dieser bekannten Heilpflanze werden die violetten, etwa ein Zentimeter langen Blütenkronen gesammelt. Sie haben einen angenehm aromatischen Geruch und einen leicht bitteren Geschmack. Hauptbestandteil der Inhaltsstoffe sind etwa zwölf Prozent Gerbstoffe und bis zu drei Prozent ätherisches Öl.
Wegen seiner beruhigenden Wirkung findet Lavendel Anwendung bei nervösen Herzleiden und Schlafstörungen und wird dann meist als Tee zubereitet. Auch als beruhigender Badezusatz ist Lavendel sehr geeignet!

**Mistel**
(Viscum album)
Bereits den alten Kelten war die beruhigende Wirkung dieser Heilpflanze bekannt. Auf Grund der Inhaltsstoffe normalisiert die Mistel den Spannungszustand im vegetativen Nervensystem. Angst oder Depressionen weichen einer guten Stimmung und positiven Lebenseinstellung.
Auch wird durch diese Heilpflanze die Resistenz gegenüber krankheitsfördernden Umwelteinflüssen erhöht und ein Senken des Bluthochdrucks erreicht. Die bestmögliche Wirkung erzielt man durch Injektionen (natürlich nur vom Arzt durchgeführt!).

**Schnittlauch**
(Allium schoenoprasum)
Diese bekannte Heil- und Gewürzpflanze liebt sonnige Flecken. Der mehrjährige Schnittlauch ist in

der gesunden Küche ein beliebtes und sehr vielseitig verwendbares Würzmittel. Er wirkt u. a. gegen hohen Blutdruck.

**Waldmeister**
(Galium odoratum)
Diese Heilpflanze, im Volksmund auch „Herzfreudeli“ genannt, wächst vorzugsweise in lichten Wäldern. Gesammelt wird sie kurz vor der Blüte oder während der Blütezeit. Auf Grund der Inhaltsstoffe (zum Beispiel Cumarin) zeigt Waldmeister beruhigende Wirkung und dient als erfolgreiche Einschlafhilfe.

**Weißdorn**
(Crataegus laevigata)
Die aus der Familie der Rosengewächse stammende Heilpflanze gedeiht gerne auf schwerem Lehmboden. Blüten, Blätter und Beeren werden zu Heilzwecken gesammelt. Die Pflanze erweitert die Herzkranzgefäße, stärkt den Herzmuskel, wirkt regulierend auf die Herztätigkeit und blutdrucksenkend. Sie hilft außerdem bei Schlafstörungen und nervösen Begleiterscheinungen.

**Wiesenkümmel**
(Carum carvi)
Dieses Doldengewächs ist häufig auf Weiden und Wiesen anzutreffen. Die Früchte enthalten drei bis sieben Prozent ätherisches Öl, das krampflösende Eigenschaften aufweist. Kümmel wird daher gerne in der gesunden Küche zum Würzen verwendet.

**Zitronenmelisse**
(Melissa officinalis)
Im 10. Jahrhundert wurde diese Heilpflanze von den Arabern nach Europa eingeführt. Wegen der beruhigenden und krampflösenden Wirkung sind die Hauptanwendungsgebiete nervöse Störungen des Magens und Darmes sowie des Herzens. Die Pflanze ist sehr oft Bestandteil von fertigen Beruhigungstees.

# Selbstanalyse

# Selbstanalyse – wozu eigentlich?

Sicherlich stand jeder schon einmal vor der Frage, warum denn manche Sachen einfach nicht gelingen wollen oder immer wieder schief gehen. Es kann mit Sicherheit daran liegen, dass in bestimmten Fällen die Situation bzw. die Begleitumstände eine Sache von vornherein schon zum Scheitern verurteilen. Aber in den meisten Fällen kann nicht eine Situation verantwortlich gemacht werden, sondern es liegt an der Person selbst. Man ist einfach nicht mehr Herr der Lage, aus welchen Gründen auch immer.

Selbstanalyse knüpft an diesem Punkt an, d. h., im Folgenden werden Sie erfahren, wie Sie die Dinge in den Griff bekommen und erfolgreich werden – kurzum, wie Sie einfach mehr Selbstvertrauen entwickeln können und sich damit auch weniger über Situationen, bestimmte Personen oder sich selbst ärgern müssen.

Einen großen Teil des neuen Wissens werden Sie natürlich auf sich selbst anwenden. Eines der Ziele, die Sie damit erreichen wollen, wird vermutlich Erfolg sein, sei es im beruflichen oder privaten Bereich.

**Merke:**

„Nichts ist überzeugender als Erfolg."
Leopold von Ranke

Bevor Sie im weiteren Verlauf Übungen auf Erfolgskurs bringen sollen, ist es sinnvoll, dass Sie sich zuerst Gedanken darüber machen, was Sie ganz persönlich unter Erfolg verstehen. Formulieren Sie deshalb Ihr erstes Erfolgsrezept selbst.

Übung:
Entspannen Sie sich und überlegen Sie einige Minuten lang, was Sie persönlich unter Erfolg verstehen. Denken Sie dabei vor allem an die Momente, in denen Sie Ihrer Meinung nach besonders erfolgreich waren, und notieren Sie Ihre Gedanken und Resultate.

Der Erfolg hat viele Aspekte und kommt in sehr unterschiedlichen Bereichen vor. Er besitzt immer auch einen ganz individuellen Charakter. Das bedeutet, Erfolg tritt bei jedem Menschen in einer anderen Art und Weise auf und kann daher nicht verallgemeinert werden.

Nehmen wir z. B. den beruflichen Erfolg. Es ist sicherlich einleuchtend, dass ein führender Industriemanager seinen beruflichen Erfolg am ehesten in positiven Statistiken, die sein gekonntes Wirtschaften beweisen, wiedergeben wird. Im Gegensatz dazu spiegelt sich der Erfolg eines Handwerkers viel besser in besonders gelungenen Erzeugnissen wider.

Das gleiche trifft auch für die Bereiche Gesellschaft und Familie zu. Während der eine seinen gesellschaftlichen Erfolg durch besonders teure Statussymbole demonstriert, gefällt sich ein anderer hingegen in reiner Schlichtheit.

Johann Wolfgang von Goethe hat das Thema Erfolg sehr treffend formuliert: „Was du ererbt von deinen Vätern hast, erwirb es, um es zu besitzen."

Kerngedanke ist, dass der Mensch mit Erbanlagen auf die Welt gekommen ist, die später zur Entfaltung oder Reife gelangen: Fähigkeiten, charakteristische Merkmale, besondere Talente.

Man könnte daher das Zitat Goethes ungefähr so umformulieren: Wer es schafft, das zu werden, was er durch seine Erbanlagen sein könnte, hat sein Lebensziel erreicht und Erfolg gehabt.

Doch an dieser Stelle stoßen wir genau auf den Punkt, mit dem wir immer wieder konfrontiert werden, nämlich den Einfluss durch die Umwelt.

**Merke:**

Sowohl Erbanlagen als auch die Umwelt bestimmen einen möglichen Erfolg.

Egal, was der Mensch in sich birgt, es wird immer etwas außerhalb seines Selbst geben, das ihm im Weg stehen kann. Es ist, anders ausgedrückt, die jeweilige Situation, in der er sich befindet, die seine Handlungen beeinflusst. Es sind Menschen aus seinem persönlichen Umfeld wie Freunde, Kollegen oder seine Familie, die seine Entfaltung behindern oder natürlich auch fördern können.

Nehmen wir dazu ein einfaches Beispiel aus der schulpsychologischen Praxis: Ein Kind vom Land meistert die Grundschule und kann aufgrund der guten Noten auf die höhere Schule gehen. Seine Eltern, die selbst nur eine einfache Schulbildung erhalten haben, stehen vor der Entscheidung, ihr Kind auf das Gymnasium zu schicken. Obwohl es sicherlich die notwendige Begabung hat, raten die Eltern ab. Sie reden ihrem Kind immer wieder ein, dass es keine Chance auf Erfolg haben wird. Zu guter Letzt kommt das Kind doch noch auf das Gymnasium, muss aber trotz anfänglicher Erfolge nach zwei Jahren die Schule wechseln.

Was ist passiert? Die Eltern haben ihrem Kind so lange eingeredet, es würde die höhere Schule nicht schaffen, bis das Kind zum Schluss wirklich an sein Scheitern glaubte.

Das Endresultat dieses Beispieles ist, dass die Umwelt dem Kind so lange ein Verhalten prophezeit hat, bis dieses Verhalten tatsächlich auch eingetreten ist. In der Psychologie spricht man auch von einer „self-fulfilling prophecy“.

Wie kann man diese psychologischen Erkenntnisse nun auf den Alltag anwenden?

Vera F. Birkenbihl, eine in Deutschland sehr bekannte Managertrainerin, benutzt einen interessanten psychologischen Ansatz. Nachdem ein Mensch mit bestimmten Begabungen auf die Welt gekommen ist, werden über die Umwelt (Eltern, Freunde, Schule) so genannte „Nachrichten“ an ihn abgesandt wie: „Mach schnell!“, „Pass doch auf!“,

„Bist du dumm!“, „Das wirst du nie schaffen!“. Das beharrliche Entsenden dieser Nachrichten, die ständigen Wiederholungen im alltäglichen Geschehen wirken prägend auf das Unterbewusstsein. Man nimmt diese Botschaften an, ohne ihrer wirklich gewahr zu werden und ohne sie zu überprüfen.

**Merke:**

| |
|---|
| Das permanente Wiederholen von bestimmten Nachrichten wirkt prägend auf das Unterbewusstsein. |

Zum Beispiel hält man sich beim Gähnen die Hand vor den Mund oder man schaut beim Überqueren der Straße nach links und rechts, weil es einem so eingeprägt wurde.

Entscheidend ist, dass diese Verhaltensweisen nach einiger Zeit automatisch ablaufen und einem „psychologischen Programm“ gleichen. Kennzeichnend für dieses Programm sind folgende zwei Punkte:

- Das Programm kommt aus der Umwelt. Das heißt, das Kind lernt beispielsweise die richtigen Verkehrsregeln von seinen Eltern oder Lehrern.
- Das Programm läuft automatisch ab. Das heißt, unser Unterbewusstsein kümmert sich um das

rechtzeitige Aktivieren des Programms, sodass der Mensch auch im größten Verkehrstrubel beim Überqueren der Straße automatisch nach links und rechts schaut.

Vera Birkenbihl betont zu Recht, dass solche Programme sowohl positive als auch negative Konsequenzen haben können. Im zwischenmenschlichen Miteinander helfen uns diese Programme vor allen Dingen, das Zusammenleben zu erleichtern.

Beispiel:
Ein nettes Bitteschön vor einer Aufforderung verhilft meist zur schnelleren Ausführung, spart somit Zeit und Nerven und erfreut.

Andererseits behindern uns Sätze wie „Mach schon endlich!". Unser Selbstwertgefühl sinkt, wir werden unsicher und ängstlich, kurzum, wir fühlen uns in unserer Haut nicht wohl. Unsere natürlichen Anlagen werden behindert, bis sie auch gänzlich verschwinden können.

Im Gegensatz zum Kind, das noch keine Unterscheidung zwischen guten und schlechten Programmierungen treffen kann, ist dies dem Erwachsenen sehr wohl möglich. Die Selbstanalyse wird Ihnen helfen, Ihre verborgenen Möglichkeiten zu finden und sie zur größtmöglichen Entfaltung zu bringen. Das bietet natürlich aber auch die Möglichkeit, verschüttete Programme wieder zu aktivieren oder schlechte Programme aufzudecken, die Ihre freie Entfaltung behindert haben.

**Merke:**

Es gibt gute und schlechte Programmierungen. Schlechte Programmierungen schwächen das Selbstwertgefühl. Gute helfen, Zeit und Energie zu sparen oder auch das Überleben zu sichern.

## Ziel der Selbstanalyse

Bevor man mit der Selbstanalyse beginnt, muss man sich bewusst sein, dass eine Selbstanalyse immer zielgerichtet sein sollte. Es hat keinen Zweck, in sich hineinzugehen, um danach im gleichen alten Trott weiterzumachen.

**Merke:**

Selbstanalyse muss auf ein Ziel gerichtet sein: Ziele können Erfolg, Zufriedenheit in Familie, Partnerschaft, Ausbildung und Beruf sein.

Unter Erfolg versteht man also die Zufriedenheit mit sich selbst in allen Bereichen des Lebens: Schule, Partnerschaft, Familie und Beruf. Eines ist natürlich einleuchtend: Dieser Erfolg wird sich nicht von heute auf morgen einstellen, es handelt sich vielmehr um einen langwierigen Prozess.

**Tipp:**

> Führen Sie Ihr Erfolgsprogramm in kleinen Schritten durch und nehmen Sie die Übungen ernst.

Machen Sie sich, wo immer es nur geht, Notizen, und beziehen Sie auch das Bild, das andere von Ihnen haben, mit in Ihre Überlegungen ein und notieren Sie es.

Selbstanalyse bedeutet aber auch die innere Bereitschaft, ehrlich zu sich selbst zu sein. Es nützt nichts, sich in den folgenden Übungen selbst zu betrügen, indem man die Antworten gibt, die man für richtig hält. Stehen Sie zu dem, was Sie in sich spüren, auch wenn es vielleicht das ein oder andere Mal unangenehm ist. Bedenken Sie, dass es auch darum geht, negative Programmierungen aufzudecken und auszuschalten.

**Tipp:**

> Seien Sie ehrlich zu sich selbst, auch wenn es unangenehm ist.

Nehmen Sie sich einen Stift und ein Blatt Papier, und beginnen Sie jetzt mit Ihren ersten Notizen.

Übung:
Nehmen Sie einen Zettel und einen Stift und beantworten Sie folgende Fragen:

1. Welche Talente besitze ich? Welche erbbedingten Eigenschaften, die es schon bei meinen Vorfahren gab, sind bei mir verloren gegangen?

2. Welche Ziele möchte ich erreichen?

3. Welche schlechten Programmierungen fallen mir ein, die meine Entwicklung behindert haben könnten? Wie kann ich positive Programmierungen daraus machen?

## Nutzen der Selbstanalyse

Ein Beispiel aus der psychologischen Praxis soll Ihnen zeigen, wie groß der Nutzen einer Selbstanalyse sein kann:

Herr X trat nach seiner Ausbildung, die er mit Auszeichnung beendet hatte, in eine Behörde ein. Er hatte dort eine recht ansehnliche Stellung mit guter Bezahlung und netten Kollegen, doch schon nach zwei Jahren verließ ihn die Lust an der Arbeit, seine tägliche Arbeitszeit wurde ihm zur seelischen Last. Ein Gespräch mit seinem Vorgesetzten bewirkte zwar einen weiteren Ausbau seiner Führungsposition, aber auch das verbesserte die Lage für Herrn X nicht weiter.

Erst ein Gespräch mit einem befreundeten Psychologen half ihm schließlich weiter. Herr X war ein Mensch, der Spitzenleistungen nur unter einem gewissen Druck bewältigen konnte. In seiner bisherigen Arbeitsstelle, einem öffentlichen Amt, war dies aber nicht möglich, denn dort wurden, strukturbedingt, Entscheidungen nur auf sehr umständlichen bürokratischen Wegen herbeigeführt. Herr X erkannte nach seiner Selbstanalyse, dass es wohl das Beste für ihn sein würde, die Arbeitsstelle zu wechseln. Er arbeitet heute als leitender Angestellter in einem kleineren Unternehmen, dies aber mit umso größerem Erfolg und mit echter Freude an der Arbeit. Hier kann er seine Fähigkeiten wirklich unter Beweis stellen, wenn es gilt, in Minutenschnelle wichtige Entscheidungen zu treffen und Arbeitsleistungen zu erbringen. Er hatte jahrelang sein Organisationstalent und seine Kreativität nicht ausleben können, weil ihm die Selbsterkenntnis zunächst gefehlt hatte.

Dieses Beispiel zeigt sehr deutlich, dass Selbsterkenntnis ein ganz entscheidender Schritt zu einem Leben frei von Ärger ist, sowohl für den privaten als auch für den lebensbestimmenden Bereich der Arbeit.

**Merke:**

> Menschen, die auf sich verändernde Gegebenheiten durch das Wissen über ihre Talente und Fähigkeiten am besten reagieren können, haben einen entscheidenden Vorteil und sind meist auch die Gewinner.

# Durch Charakter zum Erfolg

Wie schon erwähnt, ist Selbsterkenntnis ohne ein unmittelbares Ziel, das man sich setzt, sinnlos. Deshalb ist es wichtig, im nächsten Schritt das Ziel der Selbstanalyse, den Erfolg, näher zu bestimmen und auszumachen.

Beginnen wir wieder mit einer einfachen Übung:

Überlegen Sie, welche Faktoren einen erfolgreichen Menschen bestimmen könnten. Gehen Sie dabei im Wesentlichen von den psychologischen Voraussetzungen aus. Zu diesen zählt beispielsweise die dem Menschen angeborene Fähigkeit, die Umwelt wahrzunehmen und auf sie richtig zu reagieren.

Versuchen Sie im nächsten Schritt, diese Faktoren in eine klare und logische Reihenfolge zu bringen und sie zu größeren, übergeordneten Bereichen zusammenzufassen. Versuchen Sie, die Bereiche dann im folgenden Schritt auf insgesamt fünf bis sechs zu reduzieren, wie es Ihnen am sinnvollsten erscheint.

Schreiben Sie Ihr Resultat auf, und vergleichen Sie dann Ihre Lösung mit dem Lösungsvorschlag von Vera Birkenbihl:

- Wahlfreiheit
- Bewusstsein
- Unterbewusstsein
- Wachsen
- Lieben und geliebt werden

## Die Wahlfreiheit

Es wurde schon erwähnt, dass unser Leben von den Erbanlagen und der Umwelt bestimmt wird. Von der Umwelt (Eltern, Freunde, Kollegen etc.) erhalten wir nach und nach bestimmte Programmierungen (Gebote, Verbote, Beurteilungen), die sich unmittelbar auf unser Verhalten auswirken. Im Laufe unserer Entwicklung lernen wir, diese Programmierungen zu beurteilen. Wir lernen, selbst zu entscheiden, ob man mit dem Erreichten zufrieden ist oder nicht, d. h. wir haben die Wahl, bestimmte Dinge als relevant oder irrelevant zu betrachten.

**Merke:**

> Man hat die Freiheit der Wahl, die mitgegebenen Anlagen, Talente besser zu nutzen und auf die Umwelt optimal zu reagieren.

Wenn in den weiteren Ausführungen immer wieder vom „Ich“ als Entscheidungsträger gesprochen wird, müssen zwei Teilbereiche unterschieden werden: Das Bewusstsein und das Unterbewusstsein.

## Das Bewusstsein

Das Bewusstsein ist der Teil unserer Psyche, mit dem man bewusst, d. h. willentlich entscheidet, plant und denkt. Die Inhalte des Bewusstseins (Gedanken, Erinnerungen) sind jederzeit präsent und – das ist entscheidend – auch die Voraussetzung für Erfolg! Man muss sich über seine Situation und seine Programmierung im Klaren sein und die Fähigkeit besitzen, sich möglichst ganz bewusst selbst zu programmieren, um Ärger vorzubeugen.

## Das Unterbewusstsein

Für das Unterbewusstsein genügt es festzustellen, dass es als Entlastungsfunktion des Bewusstseins zu beschreiben ist.

**Merke:**

| |
|---|
| Das Unterbewusstsein entlastet das Bewusstsein von Reizen, die es von außen beeinträchtigen. |

Stellen Sie sich Ihre momentane Situation vor. Sie befinden sich z. B. zu Hause und studieren dieses Buch. Sie nehmen den Text in sich auf. Sie machen sich Gedanken dazu. Sie hören die übliche Geräuschkulisse von Straßenlärm oder Telefon und die Wohnung ist warm.

Müssten Sie sich ständig aller Reize bewusst werden und auf sie reagieren, könnten Sie das Buch nicht mehr lesen. Zu viel würde von außen auf sie einwirken und Sie ablenken.

Das Unterbewusstsein unterscheidet zwischen wesentlichen und unwesentlichen Handlungsschritten, zwischen notwendigen und störenden. Dieser Trennungsvorgang zwischen Wichtigem und Unwichtigem funktioniert übrigens auch bei Erinnerungen.

Stellen Sie sich einmal vor, sie müssten sich immer an alle Ihnen widerfahrenen negativen Situationen erinnern. Sicherlich würden Sie dadurch immer mehr innerlich zermürbt, bis Ihre Psyche es nicht mehr ertragen könnte.

## Das Wachsen

Gemeint ist hier natürlich nicht das Wachsen im körperlichen Sinne, sondern die geistige und seelische Reifung. Dies bedeutet, Einsicht zu gewinnen, Erfahrungen zu machen und sie zu verarbeiten. Entscheidend ist, dass diese Prozesse nicht irgendwann aufhören, sondern ein Leben lang ablaufen.

Ausschlaggebend für das Wachsen ist der Wille zum Lernen und zur Einsicht.

## Das Lieben und Geliebtwerden

Um Ärger zu vermeiden ist es nötig, die Bereitschaft zur Liebe zu erlangen, genauso wie die Bereitschaft, geliebt zu werden. Denn erst die Liebe zu sich und anderen lässt uns erkennen, was wirklich in uns selbst steckt und was man aus sich machen kann.

**Test:**

- Leiden Sie in irgendeiner Form unter Minderwertigkeitsgefühlen?
- Ärgern Sie sich oft über Fehler, die Sie in der Vergangenheit gemacht haben?
- Trauern Sie oft Chancen, die Sie verpasst haben, hinterher?
- Streiten Sie häufig?

Wenn Sie diese Fragen immer mit „Ja" beantworten mussten, sind Sie der Typ, der sich in seiner Haut nicht besonders wohl fühlt. Deswegen sollten Sie ganz besonders die folgenden Tipps für den Weg nach oben beachten:

- Gebrauchen Sie Ihr Bewusstsein und analysieren Sie ehrlich Ihr bisheriges Leben!
- Was will ich? Was kann ich? Was muss ich ändern?
- Profitieren Sie von Ihrem Unterbewusstsein!
- Nutzen Sie auch wirklich jede Gelegenheit zum Lernen!
- Jeder braucht ab und zu Anerkennung und Zufriedenheit!
- Lieben Sie sich selbst und Ihre Mitmenschen!

## Tipps zum Erfolgsprofil:

Nutzen Sie jeden einzelnen Tag für Ihre Selbstverwirklichung! Beachten Sie auf Ihrem Weg zum angestrebten Erfolg und ärgerfreien Leben die folgenden Tipps, dann kann eigentlich nichts mehr schief laufen.

- Zeigen Sie Bereitschaft zur Leistung. Haben Sie keine Angst davor, auch wenn andere Sie vielleicht als Streber bezeichnen. Um Ihren Erfolg werden die gleichen Personen Sie nämlich recht bald bewundern!

- Bleiben Sie sich selbst immer treu, egal was passiert! Seien sie anderen Meinungen gegenüber aufgeschlossen, gestehen Sie sich Fehler ein, und versäumen Sie nicht, daraus zu lernen!

- Bedenken Sie immer, dass Sie von Ihren Mitmenschen in irgendeiner Form abhängig sind! Sie brauchen die Unterstützung Ihrer Mitmenschen. Lernen Sie deshalb, diese zu schätzen. Erfolgreich ist nur der, der auch andere zu Erfolg kommen lässt.

- Haben Sie Vertrauen in Ihre eigene Person und in Ihr Tun und Handeln! Leben Sie für Ihre Ziele, und sehen Sie in Niederlagen nicht nur etwas Negatives!

- Nutzen Sie den richtigen Zeitpunkt oder, wie der Volksmund so treffend sagt: „Was du heute kannst besorgen, das verschiebe nicht auf morgen!“

- Stehen Sie zu Ihren eigenen Gefühlen! Erkennen Sie sie, und gehen Sie zugleich auch auf die der anderen Menschen ein.

- Seien Sie spontan, denn gerade diese Fähigkeit ist in der heutigen schnelllebigen Zeit vorteilhaft und wird Sie weiterbringen.

- Verhalten Sie sich diszipliniert!

- Denken Sie ökonomisch: Versuchen Sie, ein vorgegebenes Ziel mit einem möglichst geringen, aber dafür effektiven Aufwand zu erreichen. Wenn Sie etwas unbedingt erreichen wollen, nutzen Sie dafür all Ihre Energie, die Ihnen zur Verfügung steht!

- Lernen Sie, Ihre erbbedingten Fähigkeiten zu nutzen und verbessern Sie diese! Versuchen Sie, Ihre Schwächen abzubauen!

# Das Programm gegen Ärger

Sie haben sich fest entschlossen! Sie wollen nun energisch dem Ärger eine Absage erteilen. Ihr Leben soll nicht länger durch Ärger und Streit bestimmt werden, sondern Sie wollen ab sofort das Schöne im Leben sehen und genießen. Ihnen ist klar geworden, dass Wut und Zorn Ihr Leben nicht bereichern, sondern Ihnen hinderlich im Wege stehen.

Sie haben erkannt, dass diese Dinge unnötig sind und in Zukunft keinen Platz mehr in Ihrem Leben haben sollen. Sie wollen Ihr Leben ändern. Weg von einem durch Ärger geprägten Tagesablauf, der mit der Zeit auch Ihre Gesichtszüge prägt und hin zu einem erfüllten sinnvollen und schönen Dasein, in dem Ärger nur noch selten vorkommt.

Mit den folgenden Schritten können Sie Stufe für Stufe zu diesem Ziel gelangen! Sie sind ab sofort nicht mehr bereit, sich zu ärgern! Das ist Ihr fester Vorsatz, nach dem Sie Tag für Tag handeln. Die folgenden Schritte geben Ihnen nicht nur eine Anleitung, sondern helfen Ihnen dabei, Ihren festen Entschluss in die Praxis umzusetzen.

In welcher Reihenfolge Sie die verschiedenen Schritte angehen, bleibt Ihnen selbst überlassen. Nur sollten Sie keinen Schritt vergessen!

## Ärger – meist ist er es nicht wert

Die Ursachen für Ärger können sehr vielschichtig sein. Daher ist es ganz wichtig, sich klar zu machen, warum man sich überhaupt geärgert hat.

In den meisten Fällen wird man nach ehrlicher, objektiver Betrachtung zu dem Resultat kommen, dass dieser kleine Anlass es wirklich nicht wert war, die Nerven zu strapazieren!

Bahnt sich Ärger an, reagieren Sie nicht gleich. Fangen Sie nicht sofort den Fehdehandschuh auf, der Ihnen zugeworfen wird. „Erst denken, dann handeln“, sollte Ihre Devise lauten. Sie überlegen kurz, warum es zu dieser Situation gekommen ist. Was haben Sie falsch gemacht, warum haben Sie überempfindlich reagiert?

In den meisten Fällen gehören zu einem Streit zwei Personen. Vielleicht sind Sie nicht ganz so unbeteiligt, wie Sie es vielleicht im ersten Augenblick glauben! Lenken Sie ein, geben Sie nach, und wahren Sie Objektivität. Denn Sie wollen sich jetzt nicht ärgern, Sie wollen jetzt keine Auseinandersetzung. Also handeln Sie danach.

Beseitigen Sie den Grund des Ärgers durch ein Gespräch, durch Änderung Ihrer jetzigen Situation oder durch Ignorieren der persönlichen Angriffe. Bleiben Sie ruhig und gelassen, denn Sie haben erkannt, dass die wenigsten Geschehnisse es wert sind, sich den Tag verderben zu lassen.

**Tipp:**

Wer ehrlich die Ursachen von Ärger überprüft, wird feststellen, dass es sich in den meisten

Fällen nicht rentiert, seine Nerven zu strapazieren! Versuchen Sie in Streitsituationen objektiv zu bleiben!

## „Ich will mich nicht mehr ärgern!“

Schreiben Sie sich folgenden Satz mit Rotstift auf mehrere Zettel: „Ich will mich nicht mehr ärgern!“ Verteilen Sie diese Merkzettel überall da, wo Sie sich oft aufhalten: am Badezimmerspiegel, am Bett, über dem Herd oder auf dem Couchtisch. Lesen Sie sich diesen Satz so oft wie möglich durch. Der Inhalt wird sich fest in Ihr Unterbewusstsein einprägen und Ihr tägliches Tun mit der Zeit bestimmen. Er wird ein nicht mehr wegzudenkender Bestandteil Ihres Lebens werden.

Die Tatsache, dass Sie sich nicht mehr ärgern wollen, wird für Sie bereits nach kurzer Zeit so selbstverständlich werden wie tägliches Essen, Trinken oder Schlafengehen. Auch wenn Sie glauben, Sie benötigen diese Merkzettel nicht mehr, lassen Sie diese noch an den Stellen. Für alle Fälle!

**Tipp:**

Halten Sie Ihren festen Willen, sich nicht mehr ärgern zu wollen, in schriftlicher Form fest. Das zeigt tiefere Wirkung und kann dadurch nicht in Vergessenheit geraten.

## Führen Sie Tagebuch!

Nehmen Sie einen Block und teilen Sie ihn in zwei Hälften ein. Auf die linke Seite schreiben Sie jeden Tag die Ereignisse, über die Sie sich geärgert haben. Auf der rechten Seite werden schriftlich Ihre Reaktionen festgehalten.

Beispiel:
Linke Seite – Fußgänger hat mich auf der Straße angerempelt und sich nicht entschuldigt, obwohl mir die Einkaufstasche aus der Hand gefallen ist.

Rechte Seite – Habe laut geflucht und diesen unsensiblen Ignoranten in die Hölle geschickt!

Nach einiger Zeit, wenn Sie Fortschritte mit Ihrem Anti-Ärger-Programm gemacht haben, lesen Sie sich diese Situation wieder durch. Fast erschreckt werden Sie feststellen, wie aggressiv und unbeherrscht Sie reagiert haben. Heute würde so ein Vorfall, der immer passieren kann, einen ganz anderen Ausgang finden. Sie würden nicht fluchen (das ändert nichts an der Situation!). Vielleicht hätte der Zusammenprall vermieden werden können, wenn auch Sie etwas aufmerksamer die Straße entlang gegangen wären? War es auch nicht überraschend, die Hilfsbereitschaft anderer zu genießen, die beim Einsammeln der Lebensmittel halfen?

Heute wissen Sie, dass ein derart kurzes und banales Ereignis viel zu unwichtig ist, als dass es wert wäre, sich darüber aufzuregen. Sie wissen, dass Sie diesen Menschen auch mit den schlimmsten Verwünschungen nicht ändern können und Sie vergessen den Vorfall schnell.

Für die persönliche Entwicklung ist es sehr wichtig, dass man sich ab und zu in Erinnerung ruft, wie man früher reagiert hat. Denn dadurch lassen sich positive Änderungen feststellen.

Ein solches Tagebuch ist sozusagen die schriftliche Bestätigung, dass sich etwas im eigenen Leben positiv verändert hat, dass man seinem gesetzten Ziel, sich nicht mehr zu ärgern, wieder einen Schritt näher gerückt ist.

Bei dem ein oder anderen Erlebnis werden Sie sicherlich schmunzeln: „Oh je! Über was für Unwichtigkeiten habe ich mich denn früher aufgeregt? Wie lächerlich und peinlich ich mich verhalten habe!“

## Denken Sie positiv!

Ein ganz entscheidender Schachzug gegen den Ärger wird Ihnen gelingen, wenn Sie sich angewöhnen, positiv zu denken. Denn dadurch sehen Sie die Welt aus einem anderen Blickwinkel, mit anderen Augen. Sie sind positiv gestimmt, und Ärgernisse haben erst gar nicht die Möglichkeit, Sie zu erreichen. Sie prallen an Ihnen wie an einem Schutzschild ab!

Allein schon durch eine positive Grundeinstellung kann viel Ärger vermieden werden. Denn Sie gehen offen und gutgelaunt auf die Menschen zu und erhalten dadurch ein positives Feedback! Durch positives Denken kommen Sie in vielen Fällen gar nicht erst auf die Idee, der ein oder andere Vorfall könnte Anlass zu Ärger geben.

Auch positives Denken kann man lernen. Der Lernvorgang beginnt in Kleinigkeiten und endet in großen Angelegenheiten. Steinchen für Steinchen tragen Sie für Ihre positive Lebenseinstellung zusammen, bis sich ein Mosaikbild daraus ergibt, das von nun an Ihr Leben positiv beeinflusst.

Sie selbst haben es in der Hand, Ihrem Leben eine positive Wende zu geben. Sie wollen es ganz bewusst, denn Sie haben erkannt, dass positives Denken viel Ärger erspart. Sie wollen das positive Denken lernen!

## Folgende Tipps helfen Ihnen, positiver zu leben:

- Motivieren Sie sich beim Aufwachen positiv für den kommenden Tag. „Heute wird ein schöner Tag, weil die Sonne scheint oder weil ich nachmittags nicht arbeiten muss oder weil mich abends meine Freunde besuchen“.
  Bei diesen Motivationssätzen ist es anfangs ganz wichtig, keine unangenehmen Dinge zu verschönern. Der Satz „Heute wird ein schöner Tag, weil es in Strömen gießt“ motiviert anfangs sicherlich nicht zu einer positiven Tageseinstellung.

Erst später, wenn Ihnen die positive morgendliche Motivation bereits in Fleisch und Blut übergegangen ist, können Sie sich auch mit „negativen" Dingen motivieren. Zum Beispiel: „Heute regnet es zwar in Strömen, aber ich freue mich trotzdem auf das Aufstehen. Denn vor einer Woche war ich dazu noch nicht in der Lage, da ich mit Fieber, Schnupfen und Gliederschmerzen im Bett liegen musste!"

- Beginnen Sie Ihr Tagewerk mit einem positiven Erlebnis! Das sieht natürlich bei jedem individuell aus. Die einen beschwingt ein schönes Lied aus dem Radio, den anderen ein netter Gruß der Nachbarin an der Bushaltestelle oder ein Regenbogen am Himmel.
  Was auch immer es sein mag, müssen Sie für sich selbst entscheiden. Wichtig ist, dass Sie sich täglich dieses positive Erlebnis gönnen.

- Gehen Sie anfangs ganz bewusst jedem Ärger und Streit aus dem Weg! Zu leicht besteht die Gefahr, dass man sich einmischt. Und ehe Sie sich versehen, sind Sie in einen großen Streit mitverwickelt, der Ihre Laune für den restlichen Tag negativ beeinflussen kann. Lassen Sie die Streithähne den Kampf einfach selbst austragen. Achten Sie gar nicht darauf.
  Lenken Sie sich durch positives Denken ab und bringen Sie sich so auf schöne Gedanken.
  Erst nach einiger Zeit, wenn positives Denken aus Ihrem täglichen Leben nicht mehr wegzudenken ist, können Sie versuchen, als „Außerparteiische" den Streit zu schlichten, ohne gleich davon angesteckt zu werden.

- „Es gibt nichts Gutes, außer man tut es!“ Diese Weisheit von Wilhelm Busch trifft auch für Sie zu. Spielen Sie Pfadfinder und vollbringen jeden Tag eine gute Tat. Das vermittelt ein positives Lebensgefühl. Sie haben jemandem helfen können und ihm damit eine Freude gemacht. Diese Freude reflektiert auf Sie zurück!

- Vermeiden Sie Kontakt mit negativ denkenden Menschen. Es gibt nichts Destruktiveres, als ewig unzufriedene, nörgelnde Menschen um sich herum zu haben. Mit dieser Lebenseinstellung wollen Sie nichts mehr zu tun haben.
  Falls sich in Ihrem Bekanntenkreis solche Menschen befinden, sprechen Sie das Problem offen an. Sagen Sie klar und deutlich, dass Sie ab sofort nicht mehr den Kontakt wünschen, weil Ihnen die negative Lebenseinstellung nicht gut tut. Sprechen Sie nur über sich und üben Sie an der anderen Person keine direkte Kritik. Es geht in dem Fall nur um das, was Sie selbst erreichen wollen. Sie werden feststellen, wenn dem Anderen wirklich etwas an Ihrer Freundschaft liegt, wird er seine Lebenseinstellung überdenken. Vielen fällt es gar nicht mehr auf, dass sie als ewige Nörgler durch den Tag gehen und sind dankbar, darauf aufmerksam gemacht zu werden!

- Gönnen Sie sich ab und zu etwas Schönes! Das heißt nicht, dass Sie Ihr positives Denken durch einen materiellen Rausch erreichen. Gemeint ist hier, sich das Leben durch kleine Präsente einfach schöner zu machen:
  Ein bunter Blumenstrauß zum Beispiel kostet nicht viel, der Anblick aber erfreut.

- Lernen Sie wieder im Einklang mit der Natur zu leben. Die Natur mit offenen Augen bewusst zu betrachten, ist ein sehr positives Erlebnis. Wann haben Sie zum letzten Mal den Duft des Waldes nach einem Regen gerochen? Oder wann haben Sie das strahlende Gelb eines Rapsfeldes genossen? Wissen Sie, ob gerade Voll- oder Halbmond ist?
  Unternehmen Sie wieder ein paar Ausflüge in die Natur, mit dem Fahrrad oder auch zu Fuß. Nehmen Sie sich die Zeit, die Dinge, die die Natur uns täglich schenkt, wieder von ganzem Herzen zu genießen!

- Schlafen Sie nicht mit Ärger, sondern mit positiven Gedanken ein! Vor dem Einschlafen neigt man dazu, die Ärgernisse des vergangenen Tages Revue passieren zu lassen und sich noch einmal zu ärgern. Stoppen Sie dies ganz bewusst und ersetzen Sie ärgerliche durch positive Gedanken.
  Zum Beispiel durch Vorfreude auf den nächsten Urlaub oder durch schöne Erlebnisse in der Vergangenheit. Auch positive Wunschträume sind hier erlaubt!

- Schreiben Sie sich den ganzen Ärger von der Seele. Diese Therapie hat aber wirklich nur dann einen Sinn, wenn Sie Negatives in Positives umwandeln.

Hierzu ein Beispiel:
Ich habe mich geärgert, weil ich meinen Schirm letzte Woche irgendwo stehen ließ.

Das Positive: Ich ärgere mich deshalb nicht, weil ich weiß, dass der Schirm bestimmt nicht mehr zurückkommt. Im Übrigen war der Schirm ein altes, verblasstes Exemplar, das ich schon seit langem durch ein neues, farbenfrohes ersetzen wollte. Also ist es kein Verlust.

Ein anderes Beispiel:
Ich habe mich geärgert, weil bei meinem Auto das Benzin ausging, ich mitten auf der Straße stehenblieb, und andere Autofahrer mich durch ihr Gehupe zusätzlich noch nervös machten.

Das Positive: Ich habe dadurch festgestellt, dass mein Tankanzeiger defekt ist. Ich werde das Auto in die Reparaturwerkstatt bringen. Auch habe ich einen neuen Mann kennengelernt, der mir half, das Auto zum Straßenrand zu schieben. Mit dem gehe ich morgen Abend zum Essen.

Ein letztes Beispiel:
Ich habe mich geärgert, weil die Bedienung im Café extrem unfreundlich war.

Das Positive: Der Kaffee schmeckte ausgezeichnet und vertrieb meine Müdigkeit. Ich konnte in dem gemütlichen Raum sitzen, währenddessen draußen ein Regenschauer niederging. Und schließlich steht jeder mal mit dem linken Fuß zuerst auf!

Bereits beim Aufschreiben der ersten Erlebnisse werden Sie erstaunt feststellen, dass das, was Sie früher als ärgerlich empfunden haben, von Ihnen in ein positives Erlebnis umgewandelt wurde. Wo früher nutzloser Ärger dominierte, steht heute eine positive Lebenseinstellung.

Diese Veränderung wirkt sich auch positiv auf Ihre Zukunft aus. Denn mit optimistischem Denken gehen Sie Ärger von vornherein aus dem Weg.

**Tipp:**

> Setzen Sie bewusst die rosarote Brille auf. Das heißt nicht, dass Sie alles verschönt sehen sollen, sondern lediglich, dass es unendlich viele Dinge auf der Welt gibt, die es sich lohnt, zu genießen. Man muss nur lernen, sie wieder zu entdecken.

## Bauen Sie Angst ab!

Angst prägt das Leben vieler Menschen. Es gibt die unterschiedlichsten Arten von Angst. Angst vor dem Alleinsein, Angst, zu versagen, Angst vor der eigenen Courage, Angst vor dem Leben schlechthin. Angst verunsichert, macht verschlossen, fördert Ärger und macht so das Leben unnötig schwer.

Dazu ein alltägliches Beispiel:
Ihre Wohnungsnachbarn streiten sich ständig. Da das Haus sehr hellhörig gebaut ist, hören Sie jeden

Streit mit. Ein bisschen Neugierde Ihrerseits ist auch dabei, denn Ihr Ohr wandert jedesmal in Richtung Trennungswand zur anderen Wohnung.

Es ärgert Sie furchtbar, dass Sie sich das bieten lassen. Aber Sie haben Angst davor, sich zu beschweren. Denn Ihr Nachbar ist zufälligerweise der Sohn des Hauseigentümers und Sie haben Angst vor einer Kündigung. Die Angst wird noch verstärkt durch die Tatsache, dass Sie entgegen der Hausordnung einen Hund halten.

Je öfter Sie mit den nachbarlichen Streitgesprächen konfrontiert werden, desto mehr wächst Ihr Ärger. „Rücksichtslos! Können die sich nicht einen anderen Ort aussuchen."

Was ist zu tun? Zum einen können Sie das „Belauschen" des Streites durch Anschalten eines Radios dämpfen. Konzentrieren Sie sich nicht mehr darauf. Je weniger Sie diesem Ereignis Bedeutung beimessen, desto weniger wird es Sie ärgern.

Falls diese Maßnahme Ihrerseits nichts hilft, klingeln Sie einfach bei den Nachbarn. Machen Sie sie höflich auf die schlecht isolierten Wände aufmerksam und geben Sie ihnen zu verstehen, dass Sie nicht an Details der Streitigkeiten interessiert sind. Springen Sie über Ihren eigenen Schatten! So schnell kann Ihnen nicht gekündigt werden!

Vielleicht weiß der Nachbar gar nicht, dass der Streit jedesmal belauscht wird. Womöglich ist es ihm sogar peinlich oder vielleicht können Sie zur Schlichtung der Auseinandersetzung einen positiven Beitrag leisten? Sie sollten sich nicht vor Angst in das eigene Schneckenhaus verkriechen und vom Ärger beherrschen lassen.

Machen Sie sich Ihre Ängste bewusst. Schreiben Sie auf einen Zettel: „Ich habe Angst vor... Das verursacht bei mir den und den Ärger!"

Bereits das Bewusstmachen der Angst ist der erste Schritt, die Angst in den Griff zu bekommen. So lernen Sie, damit leichter umzugehen. Sie ist ein Teil von Ihnen, den Sie erst einmal akzeptieren und dann abändern. Angst ist nicht ein statischer Begriff, mit dem man leben muss, sondern eine Ihrer Eigenschaften, die Sie abändern können und auch wollen. Deshalb bringt es wenig, sich selbst zu bemitleiden, sondern man nutzt die vorhandene Möglichkeit, aktiv etwas dagegen zu unternehmen. Denn Sie haben beschlossen, Ihr Leben nicht mehr von Angst dominieren zu lassen.

Vielleicht sehen Sie Angst als eine negative schwächliche Eigenschaft an. Das ärgert Sie natürlich. „Andere haben da ja auch keine Angst!" Wer spricht schon gerne über Angstgefühle? Freiwillig wohl niemand!

Lernen Sie, die Angst als einen Teil von Ihnen zu akzeptieren mit der Option, diesen Zustand in Zukunft ändern zu wollen.

In „Don Quijote" von Saavedra Cervantes heißt es zu diesem Thema: „Eine der Wirkungen der Furcht ist es, die Sinne zu verwirren und zu machen, dass uns Dinge anders erscheinen als sie sind!"

Lassen Sie sich nicht verwirren und gewöhnen Sie sich an, die Dinge so zu sehen, wie sie sind.

Oft stellt sich bei genauerem Betrachten auch heraus, dass Ihre Angst ebenso unbegründet war, wie der daraus resultierende Ärger. Positive Erlebnisse demonstrieren oftmals die Sinnlosigkeit von Angst in unserem täglichen Tun und Handeln bestens.

Sicherlich gibt es kein Leben ohne Angst. Aber jeder kann lernen, seine Angst in den Griff zu bekommen und zu vermindern.

**Tipp:**

> Angst verhindert das zu tun, was man sich eigentlich vorgenommen hat und wird oft als eigene Schwäche gedeutet, mit der man leben muss. Ersetzen Sie diese Befürchtungen mit aktivem Handeln gegen die Angst!

## Selbstbewusst die Welt erobern

Wer mit dem nötigen Selbstbewusstsein durch das Leben geht, erspart sich viel Ärger. Denn dieser Mensch neigt nicht so schnell dazu, sich persönlich angegriffen zu fühlen oder laufend an sich selbst zu zweifeln. Er hat das, was man im Volksmund oft mit „dickem Fell" bezeichnet. Doch leider gibt es sehr viele Menschen, die unter dem Gefühl leiden, minderwertig zu sein.

Dieses Gefühl entsteht bereits im Kindesalter. Ein Kind mit abstehenden Ohren leidet nicht selten unter dem Gespött der ganzen Klasse. Durch diese Hänseleien wird das Kind in der Entwicklung des eigenen Selbstbewusstseins gehemmt.

Genau das Gegenteil findet im umgekehrten Fall statt. Hört ein Kind immer wieder den Satz „Du bist aber klug", wirkt sich das sehr positiv auf das Selbstbewusstsein aus und fördert dieses immens. Selbst als Erwachsener wird das Leben dann noch von dieser Aussage geprägt. Treten schwierige Situationen auf, hat dieser Mensch die innere Gewissheit: „Kein Problem, das schaffe ich schon, denn ich bin ja klug!"

Das Gefühl, minderwertig zu sein, ist ein Hemmschuh für sämtliche Gedankengänge und Aktivitäten. Es macht verletzbar, unsicher, hindert Sie an der Realisierung von Wunschträumen, macht unzufrieden und empfänglich für Ärger.

Sie haben sich fest vorgenommen, Ihr Selbstbewusstsein zu stärken. Sie sind sich aber im Klaren, dass dies nicht von heute auf morgen erreicht wird. Aber Sie wollen es wirklich, denn Sie sind nicht länger gewillt, sich über Ihre Unentschlossenheit und das Gefühl der Minderwertigkeit zu ärgern.

Die folgenden Schritte helfen Ihnen, Ihr angestrebtes Ziel, selbstbewusster zu werden, zu erreichen:

- Streichen Sie ab sofort den negativen Satz „Das schaffe ich nie" für immer aus Ihrem Wortschatz und ersetzen Sie ihn durch folgende positive Aussage „Ich schaffe es, weil ich es will!“

- Schätzen Sie sich möglichst objektiv ein. Es nützt Ihnen nichts, wenn Sie sich zu viel oder zu wenig zutrauen. Beides führt in den meisten Fällen zum Scheitern des angestrebten Zieles. Wieder ein Grund zum Ärgern.

- Hören Sie auf Ihre innere Stimme, wenn es um Entscheidungen geht, und lassen Sie sich nicht von Ihrer Umwelt, egal in welche Richtung, beeinflussen. Nur Sie alleine kennen sich am besten und wissen, was Sie sich zutrauen und was Sie alles schaffen können!

- Schauspieler gehören in das Theater und nicht in das tägliche Leben. Vergeuden Sie also nicht Ihre Kraft damit, anderen immer etwas vorzuspielen. Zeigen Sie sich ehrlich und präsentieren Sie sich so, wie Sie auch wirklich sind. Das verhindert Missverständnisse und erspart Ihnen enorm viel Ärger.

- Akzeptieren Sie sich, so wie Sie sind, mit allen kleineren Mängeln, aber auch mit allen guten Seiten, die Sie haben. „Das bin ich“ sollte Ihre Ausstrahlung aussagen „und ich bin stolz darauf, dass ich so bin.“
  Kein Mensch ist äußerlich und innerlich absolut perfekt. Jeder hat irgend etwas, was er an sich gerne ändern möchte. Es bringt wenig, sich wegen seiner „grässlichen Schnittlauchhaare“ ständig zu ärgern. Sie sind eben mit diesen Haaren geboren worden, und diese stellen einen

Teil Ihres Gesichtes und damit Ihrer Persönlichkeit dar. Sind Sie schon einmal auf den Gedanken gekommen, dass Sie wegen dieser Haare von anderen beneidet werden? Denn es gibt Menschen, die sich mühsam ihre Haarlocken entfernen lassen, um „grässliche Schnittlauchhaare“ zu bekommen!

- Zeigen Sie offen Ihre Schwächen. Dadurch geben Sie anderen die Möglichkeit, damit besser umzugehen.

- Stehen Sie fest zu dem, wie und was Sie tun. Nur so müssen Sie sich nicht über unbegründete Kritik ärgern!

- Unterlassen Sie es, sich mit anderen Menschen zu vergleichen, die angeblich irgend etwas besser können als Sie. Zum einen sieht es oftmals in diesen Menschen ganz anders aus, als Sie denken. Zum anderen können Sie dafür wieder andere Dinge besser! Es besteht wirklich kein Grund zum Ärgern!

- Schämen Sie sich nicht wegen Ihrer kleinen Unzulänglichkeiten. Stehen Sie offen dazu!

**Tipp:**

| |
|---|
| Selbstbewusstsein ist nicht angeboren, sondern kann erlernt werden. „Ich weiß, ich schaffe es, weil ich es will“ lautet dazu der Leitsatz. |

## Lächeln zaubert den Ärger weg

„Lachen und Lächeln sind Tor und Pforte, durch die viel Gutes in den Menschen hineinhuschen kann!" Diese Weisheit von Christian Morgenstern sollten Sie täglich beherzigen. Gehen Sie lächelnd durch den Tag und Sie vermeiden viel Ärger. Denn mit einem finsteren Gesichtsausdruck ziehen Sie meist Menschen an, die durch diese Gesichtszüge angesprochen werden.

Ganz anders verhält es sich bei einem lächelnden Gesicht, das sich offen und positiv der Umwelt präsentiert! Da kann man einfach nicht widerstehen, wird angesteckt und das eigentliche Streitgespräch, das man beginnen wollte, wird unwichtig und überflüssig.

Ein Beispiel dazu:
Eine Reinigungsfrau putzte einmal die Woche bei einem Ehepaar. Die Ehefrau sammelte mit großer Leidenschaft altes Porzellan, das in einer verglasten Vitrine im Wohnzimmer ausgestellt wurde.

Diese Exponate waren ihr ganzer Stolz und stellten einen großen materiellen Wert dar. Daher bekam die Reinigungsfrau strenge Anweisung, diese Vitrine nicht zu putzen. Die Ehefrau erledigte das selbst. Als diese im beruflichen Stress war, widersetzte sich die Reinigungsfrau dem „Befehl" und reinigte das teure Porzellan trotzdem. Sie wollte ihrer Auftraggeberin Arbeit abnehmen und ihr damit einen Gefallen tun. Es kam, wie es kommen musste, eine Tasse zerbrach.

Als die Ehefrau nach Hause kam und den Schaden sah, ärgerte sie sich furchtbar und wollte gleich erbost die Reinigungsfrau zur Rede stellen. Diese stand neben den Scherben und sagte mit einem äußerst gewinnenden Lächeln: „Sind wir froh, dass nur Glas und nicht Ihr Herz zerbrochen ist!“ Das Lächeln hatte den Ärger besiegt! Der Groll war verflogen und die Ehefrau sah ein, dass sie sich übertrieben geärgert hatte.

Versuchen Sie doch mal den simplen, aber sehr wirksamen Trick mit dem Lächeln. Wenn Sie mit Ärger konfrontiert werden, reagieren Sie einfach mit einem Lächeln. Entwaffnen Sie Ihren Gegner mit einem strahlenden Lächeln.

Zeigen Sie durch diese Geste, dass Sie nicht in der Laune sind, auf seinen Streit einzusteigen. Vielleicht erreichen Sie auch, dass die andere Seite sich über die Nichtigkeit des Ärgers bewusst wird. Wie es in den Wald hineinschallt, so kommt es wieder heraus! Mit einem freundlich lachenden Gesicht ziehen Sie auf jeden Fall mehr positiv motivierte als ärgerlich gestimmte Menschen an. Probieren Sie es aus!

Und noch ein kleiner Hinweis:
Wenn Sie morgens schlechtgelaunt Ihr Spiegelbild betrachten, was sehen Sie da? Einen Griesgram, der missmutig sein Tagewerk beginnt und förmlich Ärger anzuziehen scheint.

Versuchen Sie Ihr eigenes Spiegelbild anzulächeln! Wer mit einem freundlichen Lächeln seine tägliche Arbeit beginnt, dem kann Ärger und Streit nicht viel anhaben! Versuchen Sie also den kleinen Trick mit dem Lächeln. Damit können Sie bei Ihren Mitmenschen nur gewinnen. Und denken Sie daran: Lächeln ist eine der besten Arten, dem Gegner die Zähne zu zeigen.

**Tipp:**

Mit einem Lachen im Gesicht vertreibt man nicht nur den eigenen Ärger, sondern stimmt auch die Umwelt positiv und schützt sich so erfolgreich vor Streitereien.

## Mehr Zufriedenheit

Unzufriedenheit mit dem, wie man lebt und was man macht, ist Nährboden für Ärger. Denn Frustration ist unbefriedigend, fördert den Neid und macht aus Ihnen einen ewig nörgelnden Menschen, der sich über alles und nichts ärgern muss.

Wie können Sie Unzufriedenheit abschaffen? Ganz einfach: Schaffen Sie sich ganz konkrete und greifbare Ziele!

Dazu ein Beispiel:
Eine Angestellte fühlte sich in ihrer Firma gegenüber einer jüngeren Kollegin benachteiligt. Ständig mäkelte sie an dieser Person herum, ließ kein gutes

Haar an ihr und verbreitete so in der ganzen Firma negative Stimmung. „Ist ja klar, dass sie immer bevorzugt wird, sie ist ja auch viel jünger als ich" pflegte sie sich selbst unzählige Male zu bemitleiden vor den anderen Kollegen.

Fakt war jedoch, dass die Firma auf Computer umgestellt hatte, die jüngere dieses Gerät beherrschte und so für viele Aufgaben erfolgreich eingesetzt werden konnte. Die ältere hingegen weigerte sich strikt, mit dem „neumodischen Zeug" zu arbeiten.

Da sich die Unzufriedenheit auch auf ihren privaten Bereich übertrug, wurde ihre Tochter eines Tages aktiv und buchte als Geburtstagsgeschenk für die Mutter einen Computer-Abendkurs an einer Frauen-Computerschule. Mit Widerwillen besuchte die Mutter die ersten Stunden, stellte dann aber schnell fest, dass sie keineswegs zu alt für die neue Materie war.

Im Gegenteil, ihr machten die Kursabende immer mehr Spaß und sie verließ die Schule mit dem guten Gefühl, sich wirklich weitergebildet zu haben. Sie schloss den Lehrgang mit einer Auszeichnung ab und konnte daraufhin in ihrer Firma auch an einem Computer eingesetzt werden. Sie hatte ihre Unzufriedenheit und ihren Unmut besiegt.

Heute sind die beiden Kolleginnen ein zusammengeschweißtes Team, die sich bei auftretenden Schwierigkeiten gerne gegenseitig unterstützen und jederzeit helfen.

Schaffen Sie sich verschiedene Ziele! Schreiben Sie dann Ihre Ziele auf ein Blatt Papier. Ordnen Sie die Ziele nach ihrer Wichtigkeit. Kleinere Ziele stehen somit am Anfang der Aufzählung, größere mehr am Ende. Begründen Sie mit kurzen Erklärungen jedes Ihrer Ziele. Zum Beispiel: „Mein Ziel ist das Bestehen des Computerlehrgangs, weil ich dann bald bessere berufliche Chancen habe!“

Versuchen Sie nicht, mehrere Ziele auf einmal erreichen zu wollen. Das kann nicht klappen. Eines nach dem anderen, immer schön der Reihe nach.

Wenn das ein oder andere angestrebte Ziel sich im Moment nicht realisieren lässt, stellen Sie es zurück oder passen die Zielsetzung den neuen Bedingungen an. Klären Sie, welche Schritte zur Erreichung des jeweiligen Zieles notwendig sind.

Bei unserem konkreten Beispiel:

- Angebote von verschiedenen Computerschulen einholen.
- Preis-Leistungsvergleich machen.
- Welche Schule ist in meiner Nähe? Passt mir die angebotene Unterrichtszeit?
- Wird die Schule von der Firma oder dem Arbeitsamt gefördert?
- Muss ich für meine häusliche Abwesenheit Dinge organisieren oder Personen Bescheid geben?

- Erzählen Sie möglichst vielen Leuten von Ihrem Ziel. So haben Sie die Chance, wichtige Informationen für Ihr Vorhaben zu erhalten. „Sie waren doch auch auf der XY-Schule? Waren Sie zufrieden?"

- Lassen Sie sich bei der Realisierung Ihrer Ziele nicht durch etwaige Misserfolge beirren. Sie wollen den Computerkurs belegen und bestehen, also erreichen Sie auch Ihr Ziel.

- Bleiben Sie jedoch Ihrer eigenen Person gegenüber immer kritisch. Wenn Sie nach der zehnten Stunde merken, Sie sind immer noch nicht in der Lage, einfachste Dinge am Computer auszuführen, sollten Sie sich objektiv fragen, ob ein Computerlehrgang speziell für Sie die richtige Art der Weiterbildung ist.
  Falls Sie diese Frage bejahen, widmen Sie sich mit aller Kraft Ihrem gesetzten Ziel. Falls die Antwort negativ ausfällt, ändern Sie Ihre bisherige Zielsetzung, beenden den Lehrgang vorzeitig und setzen sich ein anderes Ziel, vielleicht ein Sprach- oder Buchführungskurs?
  Lassen Sie sich nicht von Ihrer eigenen Feigheit oder Trägheit beeinflussen. Seien Sie ehrlich zu sich selbst und handeln Sie auch danach!

- Und vergessen Sie nie: Es kommt niemand zu Ihnen nach Hause, der Ihnen eine Liste von konkreten Beispielen vorlegt, wie Ihre Unzufriedenheit abgeschafft werden kann. Im richtigen Leben halten Sie allein das Ruder in der Hand, also zeigen Sie Mut und Willen und steuern Sie das Schiff in die von Ihnen gewählte Richtung.

Unzufrieden sein ist zwar für den Moment der einfachere Gemütszustand, wirkt aber persönlichkeitshemmend und erhöht die Ärgerbereitschaft. Legen Sie diese passive Haltung ab und werden Sie aktiv!

**Tipp:**

> Nur mit klar definierten und gesetzten Zielen kann die eigene Unzufriedenheit angegangen und überwunden werden. Nicht Ihre Umwelt muss sich ändern, sondern Sie selbst müssen sich ändern!

## Gönnen Sie sich schöne Dinge!

„Toll, was die alles kann. Ich habe einfach keine Gelegenheit, Tennis zu lernen“ jammert die Nachbarin der anderen vor. Die Person, von der die Rede ist, ist begeisterte Tennisspielerin. Sie, 40 Jahre alt, spielt zwar nicht besonders gut, ist aber mit ganzem Herzen bei der Sache. Und das Wichtigste: Sie hat jede Menge Spaß dabei! Das Wochenende verbringt sie sehr oft auf Tennisturnieren oder mit verschiedenen Kursen und kommt ausgeglichen und bestens gelaunt jeden Montag morgen zur Arbeit.

Sie hat etwas gefunden, das ihr persönlich sehr viel Freude und Spaß bereitet, und sie gönnt sich immer wieder diese Freude.

Gerade Frauen sind häufig Mehrfachbelastungen ausgesetzt. Die Kinder, der Mann und die Bekannten sollen sich wohl fühlen. Daher werden persönliche Bedürfnisse, Freuden oder Wünsche oft zurückgestellt.

Aufgrund dieser Doppelbelastungen wächst eine sehr hohe Bereitschaft sich zu ärgern. Jedem sei es gegönnt, Spaß zu haben. Überlegen Sie sich, was genau Ihnen Freude bereiten würde. Vielleicht ein neues Kleid? Oder ein Kurs in Seidenmalerei oder ein Spaziergang im Wald? Oder ein Opernabend?

Formulieren Sie Ihren Mitmenschen gegenüber klar und deutlich diese Wünsche. „Ich werde mir nächste Woche den Spaß gönnen und in ein Konzert gehen!" Lassen Sie keinerlei Zweifel an Ihren Aussagen und bleiben Sie sämtlichen Vorwürfen gegenüber immun. Organisieren Sie sich ein Programm, besorgen Sie sich Ihre Eintrittskarte und freuen Sie sich auf den Abend. Vorfreude ist die schönste Freude.

Ein Versäumen des Konzerts kommt für Sie nicht in Frage. Sie würden nur noch unzufriedener und damit noch anfälliger für Reibereien.

Mit Erstaunen werden Sie feststellen, der Abend verlief auch ohne Sie zu Hause ohne größere Katastrophen! Und wie fühlen Sie sich nach diesem Abend? Einfach toll! Sie haben das Gefühl, die ganze Welt umarmen zu können. Sie haben es geschafft, dem Alltagstrott zu entfliehen, sich eine schöne Zeit zu machen und die Musik zu genießen.

Was für ein Erfolgserlebnis! Da prallt jeder Ärger, sei er noch so groß, chancenlos an Ihnen ab.

Probieren Sie es aus! Gönnen Sie sich Spaß und unternehmen Sie etwas, was Ihnen Freude bereitet. Gönnen Sie sich Dinge, die Balsam für Ihre Seele sind! Das stärkt nicht nur das Selbstbewusstsein, sondern auch Ihre Ausgeglichenheit.

**Tipp:**

Unternehmen Sie Dinge, die Ihnen Spaß machen und die Sie erfreuen. Teilen Sie Ihrer Umwelt diesen Entschluss fest mit und lassen Sie sich nicht davon abbringen!

## Üben Sie Toleranz!

„Haben Sie gesehen, wie der rumrennt!" „Na klar habe ich das! Grüne Haare, vorne kurz, hinten lang, rote Lippen und ein gelbes Sacco. Toll! Finde ich gewagt, ich selbst hätte nicht den Mut, so auf die Straße zu gehen. Was würden denn die Leute denken?"

Eine mögliche Antwort, wenn man Toleranz praktisch anwendet. Wieso soll jemand sich nicht seine Haare grün färben? Wieso ärgert Sie das? Sind Sie bitte ehrlich zu sich! Genau! Weil Sie selbst vielleicht nicht den Mut haben, sich derart auffällig zu zeigen. Weil Sie sich vielleicht so schlicht kleiden, um ja nicht aufzufallen – so wie es Ihre Umwelt von Ihnen verlangt. Vielleicht möchte man auch Konfrontationen aus dem Weg gehen? Dabei unterdrücken Sie möglicherweise Ihr Bedürfnis, sich auch extravagant zu kleiden.

Und hier liegt die eigentliche Ursache des Ärgers: in der eigenen Person. Man ärgert sich über sich selbst, dass man „sich nicht traut" und sich zu sehr an den Richtlinien seiner Umwelt orientiert. Oder ein weiteres Beispiel:

„Ich finde es unmöglich, dass Herr K. in Jeans zu dem Konzertabend gekommen ist. Das macht man einfach nicht."

Herr K. ist berufsbedingt während seiner Arbeitszeit stets korrekt mit Anzug und Krawatte bekleidet. Eine Jeans anzuziehen bedeutet für ihn Freizeit, abschalten von beruflichen Problemen und Stress, sich selbst ein Stück näher zu kommen, sich ein Stück Freiheit zu nehmen und diese nicht nur zu genießen, sondern anderen auch zu zeigen: „So bin ich, wenn ich nicht arbeite. Kleidung spielt für mich keine besonders große Rolle. Ich erfülle zwar während meines Dienstes gerne die Anforderungen, die an mich gestellt werden, denn meine Arbeit macht mir viel Spaß und Kleidungsvorschriften stören mich nicht. Aber während meiner Freizeit möchte ich so sein wie ich mich fühle. Ohne strenge Reglements, bequem und praktisch gekleidet."

Eines ist auf jeden Fall klar: Der Kunstgenuss ist gleich wertvoll, egal ob man die Musik in Jeans oder im Anzug genießt. Versuchen Sie, andere Ansichten zu respektieren, damit vermeiden Sie unnötigen Ärger.

In Bayern gibt es ein sehr treffendes Sprichwort: „Leben und leben lassen!“ Versuchen Sie es, üben Sie sich in Toleranz und Sie werden sich sehr, sehr viel Ärger ersparen.

Versuchen Sie nicht, Menschen zu ändern. Bemühen Sie sich aber, die Angewohnheiten Ihrer Mitmenschen zu akzeptieren. Was als störend empfunden wird, lässt sich übrigens oft durch ein Gespräch klären. Und schon ist der Missstand und damit auch der Ärger beseitigt!

Jeden Tag aufs Neue den Ärger wieder in sich hineinzufressen, schadet Ihnen nur. Klingt nicht nur in der Theorie absolut simpel, sondern sieht auch so in der Praxis aus! Versuchen Sie es einfach im Alltag umzusetzen!

Vielleicht beruht Ihr Ärger aber auch auf einer Reihe von Missverständnissen? Auch das kann eine klärende Unterhaltung aufdecken. Es ändert nichts an Ihrem Ärger, wenn Sie die Menschen, die Ihnen ein Dorn im Auge sind, bewusst ignorieren. Warten Sie nicht darauf, dass sich etwas von selbst ändert. Sie stört das ein oder andere, also müssen Sie auch den ersten Schritt wagen.

Es kann schließlich von niemandem verlangt werden, dass er Ihnen immer sofort an der Nasenspitze abliest, was Ihnen eventuell gegen den Strich gehen könnte!

**Tipp:**

> Toleranz öffnet nicht nur neue Türen und Tore, sondern ist das beste Mittel gegen aufkeimenden Ärger.

## Kein Ärger mit dem Partner

„Wo gehobelt wird, da fallen Späne". In jeder Partnerschaft, egal wie lange sie schon besteht, gibt es gelegentlich Ärger. Das bringt die Tatsache mit, dass zwei Individuen sich entschlossen haben, ihr Leben gemeinsam zu gestalten und zu verbringen.

Streit erfüllt in diesem Fall machmal auch durchaus einen positiven Zweck: Er baut angestaute Aggressionen ab und klärt Dinge, die vielleicht schon lange im „grauen Bereich" lagen. Schön, wenn das dann möglich ist.

Es gibt aber auch immer wiederkehrenden Ärger, der fast schon zur Gewohnheit geworden ist. Bestimmte Handlungsweisen des Anderen „bringen einen schnell auf die Palme". Je länger diese Handlungsweisen andauern, umso schneller und heftiger reagiert man mit Ärger.

Hier einige Beispiele, von denen Ihnen das eine oder andere sicherlich bekannt und sehr vertraut erscheinen wird:

- Ihr Partner verbraucht immer das letzte Toilettenpapier, lässt die leere Rolle im Halter und „vergisst“ aufzufüllen.

- Ihr Partner badet genüsslich in der Badewanne und hinterlässt anschließend eine mittelgroße Überschwemmung im Bad.

- Ihr Partner verteilt überall in der Wohnung seine Kleidung, ohne jemals auch nur im Traum daran zu denken, diese aufzuräumen.

- Ihr Partner leiht sich ständig Dinge von Ihnen aus und gibt sie Ihnen nicht mehr zurück. Benötigen Sie diese Gegenstände, müssen Sie in seinem Durcheinander lange danach suchen, bis Sie sie wiederfinden.

Alles Dinge, die mehr und mehr ärgerlich stimmen. Erschwerend kommt noch hinzu, dass Sie Ihren Partner schon mehrmals auf diese offensichtlichen „Missstände“ angesprochen haben, es sich aber nichts geändert hat.

In dem Moment, wo man sich in der Partnerschaft über Kleinigkeiten ärgert, kann es auch der Fall sein, dass dann im Zusammenleben wichtigere Dinge nicht mehr harmonieren. Denn als Sie Ihren Partner kennenlernten, hing ja schließlich der Himmel voll Geigen. Damals hätten Sie es sich sicherlich überhaupt nicht vorstellen können, dass eine leere Toilettenpapierrolle oder etwa ein überfüllter Aschenbecher Grund für einen Streit oder Ärger werden könnte.

Doch was hat sich geändert? Sicherlich, im Laufe der Zeit weicht die erste, völlig blinde Verliebtheit dem eintönigen, grauen Alltag. Dennoch ist da „etwas", was Sie beide fest verbindet.

Damit dieses „etwas" nicht durch tägliche Ärgernisse zerstört wird, müssen Sie sich an die Beseitigung Ihres Ärgers machen. Sprechen Sie in aller Ruhe mit Ihrem Partner über die Dinge, die Sie stören. Vermeiden Sie dabei persönliche Angriffe oder impulsive Wutausbrüche. Bleiben Sie bei einer sachlichen Sprache. Dadurch vermeiden Sie Provokationen, die weiteren Ärger verursachen.

Falls Sie zu der Überzeugung gelangt sind, dass Sie tiefe Gefühle mit Ihrem Partner verbinden, arrangieren Sie sich mit den Eigenschaften Ihres Partners. Legen Sie diese Dinge nicht auf die Goldwaage, sondern nehmen Sie sie so hin, wie sie sind. Im Großen und Ganzen haben Sie ja den Eindruck, dass Ihre Partnerschaft harmonisch verläuft.

Ist es Ihnen nicht möglich, die kleinen Unpässlichkeiten zu tolerieren und zu akzeptieren, müssen Sie nach einer Lösung suchen. Es kann nicht der Sinn Ihres Lebens sein, sich täglich rund um die Uhr ärgern zu müssen!

In den meisten Fällen jedoch können durch Gespräche die bestehenden Ärgernisse aus dem Weg geräumt werden. Die leere Toilettenpapierrolle, die Sie als Unhöflichkeit interpretiert haben, ist vielleicht nichts anderes als ein Ausdruck für die Schusseligkeit oder Unachtsamkeit Ihres Partners.

Dafür wurde in der Diele das Regal montiert, das Sie übersehen haben. Also sicherlich kein bewusster Angriff auf Ihre Person!

**Tipp:**

> Ärger mit dem Partner kann oft durch Gespräche geklärt und beseitigt werden. Bleiben Sie aber sachlich und werden Sie nicht emotional. Das führt zu keiner Lösung, sondern verhärtet nur unnötig die Fronten!

## Kein Ärger in der Familie

„Das kommt in den besten Familien vor“ heißt es so treffend in einem Sprichwort. Und so ist es. Ärger kommt in jeder Familie vor. Wenn mehrere Personen mit den unterschiedlichsten Interessen und mit unterschiedlichstem Alter zusammenwohnen, lässt sich Ärger und Stress sicherlich nicht immer vermeiden.

Ganz wichtig ist es jedoch, wie man mit dem Ärger innerhalb der Familienbande umgeht. Denn gerade diese Konstellation ruft Verhaltensweisen wie „Auf die Tante muss eben mehr Rücksicht genommen werden, sie ist halt schon alt.“ oder „Sag bloß Mutter nichts von unserem Streit!“ hervor. Genau diese Reaktionen sind es dann aber auch, die wieder Ärger produzieren.

Denn wer nimmt denn auf Sie immer Rücksicht? Bei Ihnen hat man den Eindruck, dass „die/der das alles schon wegstecken wird.“ Falsch – Sie wollen nicht länger das Auffangbecken für allen Familienärger sein, sondern sind der Meinung, dass der Ärger doch da bleiben soll, wo er entsteht, und nicht bei Ihnen.

Die Mutter nicht über eine Auseinandersetzung zwischen Vater und Sohn zu informieren, geht in den meisten Fällen zum Beispiel nicht gut. Denn es herrscht zwischen den Betroffenen „dicke Luft“ und die Mutter kann sich nicht erklären, warum. Vielleicht überlegt sie selbst, was sie falsch gemacht haben könnte, ohne eine Antwort auf diese Frage zu finden!

Das muss nicht sein! Geheimnisse innerhalb einer Familie stören die Harmonie und das Zusammenleben der Familienmitglieder!

Jeder hat ein Recht auf Information und das soll auch weiterhin so bleiben. Sind bei einem Familienärger mehrere Personen beteiligt, sollten sich diese Personen zusammensetzen. Aber bitte immer alle Betroffenen. Denn wird auch nur einer ausgelassen und erfährt das Resultat der Unterhaltung über Dritte, kann das Ergebnis bereits verfälscht sein.

Legen Sie bereits beim Frühstücken einen Termin fest, an dem die betroffenen Familienmitglieder Zeit haben. Jeder muss bei diesem klärenden Gespräch anwesend sein, um seine Sicht darstellen zu können.

Wichtig ist auch, den Anderen mit seinem Anliegen sehr ernst zu nehmen. Mit Sätzen wie „Rede doch nicht so einen Unsinn." oder „Das war ja ganz anders." signalisieren Sie mangelndes Verständnis und ein „Nicht-ernst-Nehmen" dieser Person.

Arrangieren Sie sich. Es bringt wenig, seinen Dickkopf durchsetzen zu wollen, wenn die eigenen Vorstellungen ganz und gar nicht in das Konzept passen. Kleinere Gesten des Entgegenkommens tragen hilfreich zur Versöhnung bei.

Sprechen Sie am nächsten Tag noch einmal die Situation an und erkundigen Sie sich, ob alle Betroffenen auch wirklich das Gefühl haben, dass der Ärger beseitigt wurde. Denn verschleppter Ärger vermehrt sich wieder in Windeseile!

**Tipp:**

> Bei Klärung von Familienärger darf kein Betroffener bevorzugt oder benachteiligt werden. Jeder trägt mit Schuld an dem Geschehenen und wird daher gleich behandelt!

## Kein Ärger im Büro

Eines der ärgerlichsten Dinge, die es gibt, ist permanenter Ärger am Arbeitsplatz. Denn schließlich verbringt man da die meiste Zeit in der Woche. Das Leben wird so zur Qual, denn jeden Morgen steht man mit größerem Widerwillen auf. Statt sich auf die Arbeit zu freuen, hofft man nur, der Tag möge sich möglichst schnell zu Ende neigen. Ein unerträglicher Zustand!

Das ist nicht Ihr Lebensziel, so wollen Sie nicht mehr weiterleben. Gravierende Dinge müssen in Ihrem Leben geändert werden. Sie sind sich dessen bewusst und haben den festen Willen, die „dicke Luft" an Ihrem Arbeitsplatz zu entfernen.

Falls Ärger mit Kollegen anfällt, sprechen Sie mit den betreffenden Personen darüber. Erkundigen Sie sich, was der anderen Person an Ihnen missfällt und machen Sie konstruktive Vorschläge, um die Situation zu entschärfen.

Falls das nichts hilft, bleibt Ihnen noch der Gang zum Vorgesetzten. Das sollte allerdings die letztmögliche Lösung sein. Legt sich auch dann nicht der tägliche Ärger, sollten Sie überlegen, die Firma zu wechseln oder sich in eine andere Abteilung versetzen zu lassen. Dann resignieren Sie nicht, sondern handeln sehr klug! Denn Sie haben alles Erdenkliche versucht, um den Streit zu beenden, aber es hat sich nichts geändert.

Vielleicht regt Sie so eine Situation auch an, endlich den lange ins Auge gefassten Weiterbildungskurs zu belegen, um sich damit mehrere berufliche Möglichkeiten zu eröffnen?

Wenn Sie Ärger mit Ihrem Chef haben, bitten Sie ihn um ein klärendes Gespräch. Vermeiden Sie es, sich vor Kollegen mit ihm zu streiten. Sie werden in jedem Fall den Kürzeren ziehen, da er ein Anzweifeln seiner Autorität nie zulassen wird. Bereiten Sie sich auf das Gespräch gut vor. Schreiben Sie am Vorabend alle Argumente, die Sie vortragen möchten, auf einen Zettel. Lesen Sie sich diese Aufzeichnungen kurz vor dem Gespräch noch einmal durch.

Bleiben Sie während der Unterhaltung sachlich und überlegen Sie sich die Wahl Ihrer Worte genau. Lassen Sie den Anderen ausreden, aber bestehen Sie auch darauf, das gleiche Recht in Anspruch nehmen zu können. Stehen Sie zu Ihren Aussagen und lassen Sie sich nicht mit Pauschalversprechungen abwimmeln. Nur konkrete Lösungsvorschläge zählen für Sie!

Stellen Sie nicht nur Ihre positiven Seiten heraus, sondern gestehen Sie auch kleine Fehler ein. „Ich habe zwar das und das richtig gemacht, aber wie ich mit Frau X gesprochen habe, war natürlich auch nicht ganz richtig.“ Dadurch unterstreichen Sie Ihre Bereitschaft zum Frieden und signalisieren, sich über das anstehende Problem ausführlich Gedanken gemacht zu haben.

Und noch eines. Lassen Sie sich nicht unter Zeitdruck setzen. Falls gleich am Anfang der Satz fällt „Ich habe aber nicht viel Zeit, fassen Sie sich also kurz.“, dokumentiert das nur Desinteresse und Unsicherheit Ihres Chefs Ihnen gegenüber. Nehmen Sie sich einfach die Zeit, die notwendig ist, um eine Klärung Ihrer Situation herbeizuführen. Keine Angst, so schnell werden Sie nicht wieder aus dem Zimmer geworfen!

Falls dieses Gespräch wenig effektiv verlaufen ist, haben Sie noch die Möglichkeit, den Chef von Ihrem Chef zu konsultieren.
Falls alle Bemühungen nicht fruchten, sollten Sie sich auch hier überlegen, sich in eine andere Abteilung versetzen zu lassen oder die Arbeitsstätte zu wechseln. Kein leichter Entschluss natürlich, möglicherweise aber notwendig.

Denken Sie immer daran, dass es ausschließlich nur um Ihr Leben geht, und Sie wollen sich die täglichen Streitereien nicht mehr gefallen lassen. Dieses Denken wird Sie in Ihrem Selbstbewusstsein stärken und Sie ermutigen, richtig zu handeln! Dadurch vermeiden Sie Ärger am Arbeitsplatz!

**Tipp:**

Ärger in der Arbeitswelt kann durch klärende Gespräche, oft auch durch einen Wechsel der Abteilung beseitigt werden.

## Verschaffen Sie sich Erfolge!

Keinen Erfolg zu haben, frustriert und ist ärgerlich. Erfolg zu genießen ist dagegen Balsam für die Seele. Erfolg ist die Verwirklichung eigener Ziele und Träume. Er setzt Aktivität frei, gekoppelt mit dem Wagnis, ein Risiko einzugehen. Und genau dieses Risiko ist es, welches Erfolg auch zum Scheitern bringen kann. Ärgerlich!

Um Erfolg zu erreichen, sollten Sie sich anfangs nur kleinere Dinge, die Sie gerne machen, aussuchen. Erst dann wagt man sich langsam an die größeren heran.

Dazu ein Beispiel:
Sie nähen sehr gerne Kinderkleidung. Der Erfolg gibt Ihnen recht – im Bekanntenkreis werden die Kleider Ihrer Tochter sehr gelobt. Gestärkt durch dieses Erfolgserlebnis nehmen Sie sich vor, die Kinder Ihrer Freunde einzukleiden.

Auch dieses Unternehmen klappt bestens und Sie können sich etwas Geld dazuverdienen. Größere Schritte folgen und nach einiger Zeit ist Ihr gestecktes Ziel erreicht, nämlich eine Kinder-Boutique zu eröffnen.

Erfolg zu haben ist in unserer Gesellschaft wichtig. Für Sie ist jedoch nicht das Ansehen in der Gesellschaft primär, sondern nur der persönliche Erfolg. Das Erlebnis, das Ihnen persönliche Sicherheit vermittelt, das Selbstbewusstsein stärkt und Sie persönlich weiterbringt. Ärger hat im Leben eines in dieser Weise erfolgreichen Menschen keinen Platz mehr!

**Tipp:**

> Die Erfolgsleiter besteigt man wie eine normale Leiter: von unten immer mehr nach oben, Schritt für Schritt, ohne eine Stufe auszulassen.

## Verzeihen Sie!

Eines der schwersten Dinge in unserem Leben scheint das Verzeihen zu sein.

Das kleine Wörtchen „Entschuldigung“ oder „Verzeihung“ liegt wie ein schwerer Kloß im Hals und will oft nicht über die Lippen kommen, wenn wir es bräuchten.

Der deutsche Dichter Jean Paul stellte zu diesem Thema schon fest: „Der Mensch ist nie so schön, als wenn er um Verzeihung bittet oder selbst verzeiht.“

Um Verzeihung zu bitten setzt eine gewisse persönliche Stärke voraus. Auch, dass man sich über den passierten Ärger Gedanken gemacht hat und zu dem Entschluss kam, vielleicht doch nicht recht gehabt zu haben, wie man im ersten Moment geglaubt hatte. Verzeihen bedeutet aber auch, dass man mit sich selbst im Reinen leben möchte, nicht bereit ist, immer mehr „Altlasten“ mit sich herumzutragen, die die Möglichkeit der Aufnahme neuer Erlebnisse hemmen.

Mit dem Verzeihen verhält es sich ähnlich wie mit einer Prozessakte: Der Fall wurde behandelt, die Akte ist abgeschlossen und kann mit einem Vermerk in den Keller gestellt werden.

Auch Sie beenden Ärger mit dem Verzeihen, damit dieser Vorgang aus Ihrem Kopf endgültig verschwindet und Sie sich mit diesem Vorgang nicht mehr länger beschäftigen müssen.

Verzeihen kann ein Wort oder ein Satz sein, aber auch eine liebe Geste, als erster Schritt an den Menschen, den Sie durch Ärger verletzt oder dem Sie Unrecht zugefügt haben.

Es gibt unzählige Möglichkeiten, das Wort „Entschuldigung" ohne Worte auszudrücken. Hier einige Ideen für den ersten Schritt zur Versöhnung:

- Ärger mit dem Liebsten
  Kaufen Sie einen Blumenstrauß, und überreichen Sie ihn Ihrem Partner. Blumen sagen viel mehr als Worte. Je nachdem, wie nahe Ihnen dieser Mensch steht, fällt die Zusammenstellung des Straußes anders aus. Zum Beispiel ein bunter Sommerstrauß für die Bekannte oder rote Rosen für den Liebsten.

- Falls Sie mit Ihrem Liebsten Ärger hatten, umarmen Sie ihn doch einfach und geben ihm einen Kuss. Diese körperliche Geste sagt auch oft mehr als 1000 Worte!

- Schreiben Sie einen Brief, in dem Sie kurz erklären, warum Sie so reagiert haben und dass Ihnen diese Reaktion leid tut. Dadurch wird es dem Anderen leichter gemacht, Sie besser zu verstehen. Einen Brief können Sie übrigens auch dann schreiben, wenn der Partner mit Ihnen zusammenwohnt. Er wird sehr überrascht sein, einen Brief von Ihnen im Briefkasten vorzufinden.

- Ärger mit einem Freund:
  Für den Bekannten, der Musik liebt, bietet sich der Kauf einer Konzert- oder Theaterkarte an. Diesem

verlockenden Angebot kann der Musikliebhaber sicherlich nicht widerstehen, und er wird Ihre Entschuldigung annehmen!

- Ärger mit einer Freundin:
  Ihre Freundin liebt Krimis über alles. Wie wäre es, solch ein spannendes Buch zu kaufen und auf die erste Seite folgende Widmung zu schreiben: „Entschuldigung wegen gestern. Es tut mir leid."

- Ärger mit jemandem, der nicht in der Nähe lebt:
  Falls der Mensch, der Ihnen nahe steht, nur auf dem Postweg zu erreichen ist, schicken Sie ihm doch eine Karte. Kleben Sie darauf ein nettes Foto, das ihn an zusammen erlebte schöne Zeiten erinnert oder malen Sie ein kleines Bild.
  Als Text eignet sich vielleicht: „Verzeihung, ich habe das nicht so gemeint und möchte weiterhin gerne viele schöne Dinge mit Dir erleben."
  Ein kleiner Tipp: Falls Sie Ihren künstlerischen Fähigkeiten misstrauen, gibt es in gut sortierten Schreibwarengeschäften „Verzeih mir"-Karten zu kaufen!

- Ärger mit Bekannten, Kollegen oder Nachbarn:
  Ein schönes Essen versöhnt. Kochen Sie ein außergewöhnliches Essen! Wie wäre es denn mit thailändisch oder indisch? Leihen Sie sich in der Stadtbücherei ein Kochbuch aus und kreieren Sie ein „Versöhnungsmahl".
  Wem das alles zu aufwendig ist, der hat die Möglichkeit, in einem Restaurant essen zu gehen. Reservieren Sie aber vorher einen Tisch, damit nicht neuer Ärger durch ein besetztes Lokal oder einen Tisch an falscher Stelle entsteht!

- Ärger mit Kollegen:
  Auch im Beruf ist es möglich, um Verzeihung zu bitten. Fragen Sie Ihren Kollegen, mit dem Sie die Auseinandersetzung hatten, ob Sie ihn in der Mittagspause kurz sprechen könnten. Erklären Sie ihm kurz die Ursache Ihres Ärgers und bitten ihn, Ihre Entschuldigung anzunehmen. Achten Sie aber bei diesem Gespräch darauf, dass andere Kollegen das Gespräch unter keinen Umständen belauschen können.

- Ärger mit dem Nachbarn:
  Sie wollen nicht mehr länger mit Ihren Wohnungsnachbarn auf Kriegsfuß leben. Eine gute Flasche Wein unterstreicht Ihr Versöhnungsangebot. Besonders effektiv ist es, wenn Sie sie mit ihnen zusammen genießen!

Das sind nur einige Anregungen, wie man sich entschuldigen kann. Eines macht diese Aufzählung jedoch klar: Sie müssen sich nur entschließen, den ersten Schritt nach einem Streit zu wagen!

Die Möglichkeiten, das Wort „Entschuldigung" auszudrücken, sind unendlich vielseitig. Nur machen Sie es! Warten Sie nicht, bis andere zu Ihnen kommen, sondern gehen Sie auf andere zu. Denn Sie wollen wieder in Frieden leben und sich nicht länger tagtäglich über bitterböse Blicke ärgern. Sie wollen in Harmonie leben, also unternehmen Sie etwas in diese Richtung. Sie werden über die positive Reaktion erstaunt sein. Es wird Ihnen sogar passieren, dass Sie folgende Sätze hören: „Ich finde es toll, dass Du Dich entschuldigst. Ich habe es mir auch schon überlegt, aber nicht den Mut dazu gehabt. Wenn Du nicht den ersten Schritt gewagt hättest, wäre unsere langjährige schöne Freundschaft zerbrochen!“

Haben Sie keine Angst davor, dass Ihre Entschuldigung nicht angenommen wird. Das könnte natürlich passieren, aber auch dann werden Sie nicht verärgert reagieren, denn Sie haben sich im Vorfeld klar gemacht, dass dieser Fall eintreten kann. Sie können nichts verlieren, nur gewinnen!

Wird Ihre Entschuldigung nicht angenommen, haben Sie für sich das zufriedene Gefühl, es wenigstens versucht zu haben. Akzeptiert Ihr Gegenüber die Versöhnung, erhalten Sie oft wertvolle Beziehungen oder genießen wieder einen Arbeitsplatz, an dem Sie gerne arbeiten.

## „Carpe diem!“

Dieser klassische Ausspruch „Nutze den Tag“ ist ab sofort Ihr täglicher Leitsatz. Den Tag nutzen ist eine positive Eigenschaft. Man nutzt den Tag aber nicht, indem man ihn mit Ärger verbringt. Dann vergeudet man ihn. Gehen Sie mit einem positiven Lebensgefühl den neuen Tag an. Er gehört Ihnen und wartet darauf, nach Ihren ganz persönlichen Vorstellungen und Träumen gestaltet zu werden.

Wer den Tag richtig genießt und erlebt, hat keine Zeit und wenig Lust, sich zu ärgern. Denn dieser Mensch hat verstanden, die positiven Dinge des Lebens zu sehen und nicht nur die negativen Seiten!

# Ärger im Alltag meistern

Sie haben nun das theoretische und praktische Wissen bekommen, um sich nicht mehr zu ärgern. Jetzt ist es für Sie endlich Zeit zu handeln. Beginnen Sie nun, mit dem erhaltenen Rüstzeug Ihr eigenes Leben neu zu gestalten – ein Leben mit wenig oder vielleicht gar keinem Ärger, ein lebenswertes Leben eben!

Die nun folgenden Beispiele dienen als kleine Hilfe für den „Anfänger im Nichtärgern". Es werden die unterschiedlichsten Situationen geschildert, in die jeder von uns einmal kommen kann oder auch schon einmal gekommen ist. Es wird anhand einiger Beispiele gezeigt, wie man diese, zum Teil sicherlich sehr vertrauten Situationen mit eigener Kraft auch ohne Ärger souverän und gelassen meistern kann.

Probieren Sie es einfach aus! Auch Sie werden erleben, um wieviel schöner und bunter die Welt sein kann, wenn man sich nicht mehr so oft über alles und jeden ärgern „muss".

## Mülltüten vor Ihrer Haustür

Sie wohnen in einem Mietshaus. In die Wohnung nebenan ziehen neue Mieter ein. Bereits nach kurzer Zeit stellt sich heraus, dass diese Leute die Angewohnheit haben, ihre vollen Mülltüten für mehrere Tage vor der Haustür stehen zu lassen. Jedesmal, wenn Sie nun Ihre Eingangstüre öffnen, kommt Ihnen ein äußerst unangenehmer und penetranter Geruch entgegen. Auch der optische Anblick ärgert Sie sehr.

Früher hatten Sie sich wie folgt verhalten:

Voller Ärger klingeln Sie beim Nachbarn und beschimpfen ihn auf das Schlimmste. Man wohne hier nicht auf einer Müllhalde, und es sei unverschämt, dass gerade einer, der erst neu im Haus eingezogen ist, sich derart rücksichtslos benimmt. Die Reaktion des neuen Mitbewohners wäre vermutlich ein Zuknallen der Haustüre gewesen. Die Fronten hätten sich verhärtet und Ihr Ziel, nämlich das Verschwinden der Mülltüten im Treppenhaus, wäre in weite Ferne gerückt.

Heute reagieren Sie anders:

Sie klingeln bei dem Nachbarn, stellen sich freundlich vor und bitten ihn, die Mülltüten nicht mehr im Gang abzustellen, da diese unangenehm riechen, und auch der Anblick nicht besonders hübsch sei. Sie erklären ihm, wo er die Mülltonnen findet und geben ihm noch die Information, dass gleich in der Nähe ein Behälter für Altglas und Altpapier zu finden ist. Dann verabschieden Sie sich mit der gleichen Freundlichkeit.

Ihre Worte werden die gewünschte Wirkung nicht verfehlen. Vielleicht weiß der neue Mitbewohner wirklich nicht, wo die Mülltonnen stehen oder vielleicht ist er einfach faul und braucht diesen freundlichen Anstoß von Ihnen.

Mit Ihrer netten und zuvorkommenden Art haben Sie gleich zwei Fliegen mit einer Klappe geschlagen: Zum einen verschwindet der Müllsack endgültig aus dem Treppenhaus, zum andern stehen Sie mit Ihrem neuen Nachbarn nicht von Anfang an auf Kriegsfuß und haben eine harmonische Wohngemeinschaft. Denn Sie wissen ja nicht, ob Sie irgendwann auf die Hilfe gerade dieses Nachbarn angewiesen sind!

**Tipp:**

> Mit Freundlichkeit und Höflichkeit lassen sich viele unangenehme Dinge schnell und einfach regeln und beseitigen.

## Und weg ist der Bus

Sie verlassen zu spät die Wohnung, hetzen zur Bushaltestelle und es kommt, wie Sie es schon befürchtet haben: Der Bus fährt Ihnen vor der Nase davon! Der nächste kommt erst in 15 Minuten – Zeit genug, sich so richtig zu ärgern!

Früher hatten Sie sich wie folgt verhalten:

Sie stehen völlig verärgert und missmutig an der Bushaltestelle. Der Ärger ist Ihnen förmlich ins Gesicht geschrieben und Sie können sicher sein, dass mit diesem Gesichtsausdruck der nächste Streit bereits vorprogrammiert ist. Der ganze Tag ist für Sie damit schon gelaufen.

Heute reagieren Sie anders:

Sie wissen, dass Sie wieder einmal zu spät aus dem Haus gegangen sind. Es wäre ein völliger Glücksfall gewesen, wenn Sie den Bus trotzdem noch erreicht hätten. Um sich das Frustrationserlebnis des verpassten Busses zu ersparen, fangen Sie erst gar nicht an, zur Bushaltestelle zu rennen, sondern schlendern ganz gemütlich dahin. Natürlich wissen Sie auch, dass Sie jetzt etwas warten müssen, bis sich die nächste Fahrtmöglichkeit bietet. Das ist für Sie aber kein Problem, denn Sie nutzen die Gelegenheit, eine Zeitung oder ein Buch zu lesen. Oder Sie machen sich Gedanken über Themen, mit denen Sie heute vermutlich konfrontiert werden. Oder Sie hören Musik aus einem mitgenommenen Walkman, vielleicht sogar Ihre Lieblingskassette. Oder Sie beginnen mit einer der ebenfalls wartenden Personen ein nettes Gespräch. Innerlich völlig ruhig werden Sie Ihr Ziel dann schließlich erreichen. Diese Ruhe und Gelassenheit wird sich auf Ihren ganzen Tag übertragen und Sie werden viele schöne und positive Dinge erleben können!

**Tipp:**

Wer mit der Zeit allzu knapp rechnet, muss sich dann nicht wundern, wenn diese Rechnung gelegentlich nicht aufgeht. Um sich zukünftigen Ärger zu ersparen, sollten Sie großzügiger mit der Zeit kalkulieren!

## Gemütlicher Abend zu zweit

Es ist Samstag Abend. Sie nehmen sich vor, dass diese Stunden ganz Ihnen und Ihrem Partner gehören sollen. Schließlich sieht man sich unter der Woche nur abends. Sie zünden Kerzen an, öffnen eine gute Flasche Rotwein und machen es sich neben Ihrem Partner auf der Couch gemütlich. Eine schöne romantische Stimmung herrscht, bis Ihr Partner hektisch aufspringt, sich nach der Uhrzeit erkundigt und den Fernseher anschaltet. Um ein Haar hätte er seine geliebte Sportschau verpasst! Wie das nur passieren konnte.

Früher hätten Sie sich wie folgt verhalten:

Sie sind völlig verstimmt und ärgern sich entsetzlich. Der ganze Abend verpatzt, der doch so besinnlich begonnen hatte! Ärgerlich! Sie überschütten Ihren Partner mit Vorwürfen „Die Sportschau ist dir wohl wichtiger als ich“ oder „Du scheinst ja nicht besonders viel Interesse zu haben, dich mit mir zu unterhalten“. Die ganze Situation eskaliert und von einem harmonischen Samstagabend kann nicht mehr die Rede sein!

Heute reagieren Sie anders:

Sie lassen Ihren Partner seine geliebte Sendung sehen und lesen währenddessen ein Buch oder eine Zeitung. Ist die Sendung vorbei, machen Sie den Fernseher aus und teilen ihm mit, dass Sie das eben erlebte Ereignis furchtbar ärgert. Sie geben ihm zu bedenken, dass Sie beide berufsbedingt wirklich nicht viel Zeit miteinander haben, und dass es einige Dinge zu besprechen gibt.

Sagen Sie ihm, dass Sie sich auf diesen Abend mit ihm gefreut haben und jetzt enttäuscht sind. Teilen Sie ihm mit, dass Sie sein Interesse für diese Sendung verstehen können, aber Sie sich gerade heute den Verlauf des Abends anders vorgestellt hätten. Machen Sie ihm den Vorschlag, das nächste Mal die Sendung auf Video aufzunehmen.

Ist kein Videorecorder vorhanden, kaufen Sie ihm am nächsten Tag eine Sonntagszeitung, die über einen großen Sportteil mit aktuellen Ergebnissen verfügt.

Sie versuchen ihm klar zu machen, dass es an diesem Abend nicht nur um seine Interessen geht. Auch betreffen die Probleme, die es zu besprechen gibt, nicht nur Sie, sondern auch ihn oder Ihr gemeinsames berufliches oder privates Leben.

Wenn das alles nicht hilft, ziehen Sie sich das nächste Mal mit einem Buch, Malzeug oder Kopfhörer in ein anderes Zimmer zurück. Aber nicht schmollend und verärgert, sondern froh darüber, endlich etwas Zeit für sich selbst zu haben. Zeit, um nachzudenken, Zeit, um ein gutes Buch zu lesen oder Zeit, um einen Brief zu schreiben. Zeit für Dinge, für die Sie sonst eben keine Zeit haben, die Ihnen aber Spaß machen!

Dadurch erhalten Sie Ihre innere Ruhe und gute Laune zurück, da Sie die Erfahrung machen, dass

Sie auch unabhängig von Ihrem Partner Ihre Zeit sinnvoll und angenehm gestalten können. Gelassen und innerlich ruhig können Sie dann mit Ihrem Partner über den Abend reden.

**Tipp:**

Die Anwesenheit eines Fernseher darf das Zusammenleben nicht negativ beeinträchtigen. Entweder entscheidet man gemeinsam, welche Sendungen angeschaut werden. Oder, wenn dies nicht möglich ist, geht man seinen eigenen Vergnügungen nach und genießt diese Zeit voll und ganz.

## Durch die Prüfung gefallen

Sie haben Ihre Freizeit damit verbracht, für eine anstehende Prüfung zu lernen. Verständlicherweise sind Sie vor dem Termin sehr nervös, schlafen schlecht und die Umwelt hat es nicht gerade leicht mit Ihnen. Dann kommt der große Tag! Die Prüfung beginnt.

Schon während dem Beantworten der Fragen haben Sie die leise Vorahnung, dass der gefragte Stoff nicht gerade zu Ihren besonderen Stärken zählt. Das Prüfungsergebnis bestätigt leider Ihre Befürchtung! Sie haben die Prüfung nicht bestanden. Knapp zwar, aber das ist kein Trost. Durchgefallen ist durchgefallen. Ärger über Ärger, der aber am Prüfungsergebnis leider nichts mehr ändert. Und noch viel ärgerlicher ist, dass Sie niemanden anderen für das Scheitern verantwortlich machen können.

Früher hätten Sie sich wie folgt verhalten:

Deutlich verärgert und von der ganzen Welt enttäuscht ziehen Sie sich in Ihr stilles Kämmerlein zurück und überschütten sich mit Selbstvorwürfen. Sie hatten doch so viel gelernt! Wieso konnte dieses End-resultat entstehen?

Endlich haben Sie die Lösung! Ihre Mutter ist Schuld. Denn am Abend vor der für Sie so wichtigen Prüfung hatten Sie mit ihr noch einen entsetzlichen Streit. Daraufhin schliefen Sie schlecht, wachten wie gerädert auf und konnten sich nicht voll auf das Prüfungsgeschehen konzentrieren.

Schuld sind natürlich auch die Fragen. Wer will denn schon so etwas wissen? Auch auf Ihren Lehrer sind Sie in Ihrem tiefen Groll nicht gut zu sprechen, denn schließlich hätte der ja einen Hinweis geben können, was genau geprüft wird.

Heute reagieren Sie anders:

Sie sind sich darüber im Klaren, welche Wichtigkeit das Bestehen dieser Prüfung für Sie hat. Aber Sie wissen auch, dass Sie sich unnötigerweise unter einen zu hohen Leistungsdruck gesetzt haben. Sie wissen, dass es Themen gab, die eigentlich noch intensiver von Ihnen hätten bearbeitet werden sollen. Sie wissen auch, dass es völlig sinnlos ist, irgendeinen Lehrer oder irgendwelche Fragen für das Nichtbestehen verantwortlich zu machen.

Akzeptieren Sie das Prüfungsergebnis und hadern Sie nicht mit sich. Selbstmitleid ist hier unangebracht und ändert weder an Ihrem Prüfungsergebnis noch an Ihrer persönlichen Einstellung etwas.

Machen Sie niemanden in Ihrer Umgebung für das Scheitern der Prüfung verantwortlich. Nicht diese Leute, sondern Sie haben das Ziel nicht erreicht!

Drehen Sie nicht enttäuscht der Welt den Rücken zu, sondern erkundigen Sie sich nach einem zweiten Prüfungstermin. Erkundigen Sie sich bei Ihrem Lehrer nach den Gründen des Nichtbestehens aus seiner Sicht. Nehmen Sie diese Anregungen ernst und beachten Sie diese bei Ihrem nächsten Termin. Wenn Sie eine Prüfung völlig verpatzt haben, sollten Sie auch in dieser Situation positiv denken.

Vielleicht war das ein wertvoller Hinweis, das gesamte Berufsbild neu zu überdenken.

Hierzu ein kurzes Beispiel:
Ein Sohn „aus gutem Hause“ studiert auf Wunsch der Eltern Medizin. Ziel der Eltern, wohlgemerkt nicht des Sohnes, ist es, dem Sohn die gutgehende Praxis zu übergeben. Die ersten vier Semester schafft der Sohn mit Ach und Krach, aber ohne Spaß an seinem Studium zu empfinden. Nach dem sechsten Semester besteht er zweimal eine wichti-

ge Abschlussprüfung nicht. Daraufhin ist zu Hause die Hölle los! „Wir haben Dich auf die beste Schule geschickt, damit Du Dein Abitur machen kannst. Du bist nicht dankbar. Andere würden sich alle Finger ablecken, diese Praxis einfach so zu bekommen." Vorwürfe über Vorwürfe, Ärger über Ärger!

Der Sohn denkt lange über das Ganze nach und kommt zu dem Entschluss, seiner eigentlichen Begabung nachzugehen und etwas Handwerkliches zu erlernen. Er besorgt sich einen Ausbildungsplatz bei einem Schreiner und fertigt heute glücklich und zufrieden in einer kleinen Schreinerwerkstatt Möbel an. Nach viel Ärger haben seine Eltern diesen Entschluss akzeptiert und freuen sich über seinen Erfolg und seine innere Zufriedenheit.

**Tipp:**

Eine nicht bestandene Prüfung ist kein Weltuntergang. Mit Ärgern über das „eigene Versagen" kommt man nicht weiter. Aktives Handeln ist erforderlich und nicht Selbstzweifel oder die Umwelt verantwortlich machen.

## Warteschlange an der Kasse

Früher hätten Sie sich wie folgt verhalten:

Sie kommen von der Arbeit nach Hause. Ihnen fällt ein, dass Sie noch einkaufen müssten, also gehen

Sie in den Supermarkt. Dort stehen Sie schließlich am Ende Ihrer Besorgungen in einer langen Schlange an der Kasse.

Völlig ge- und entnervt stehen Sie in der Schlange. Die Zeit scheint Ihnen unter den Fingern wegzurennen. Schuld an Ihrer Misere ist die Kassiererin. Kann die denn nicht ein bisschen schneller arbeiten? Die muss doch auch die lange Warteschlange sehen. Und warum geht es an den anderen Kassen schneller?

Heute reagieren Sie anders:

Sie wissen, dass es auch in den Supermärkten Stoßzeiten gibt. Sie versuchen auf jeden Fall, außerhalb dieser Zeiten einzukaufen. Sollte dies nicht möglich sein, reihen Sie sich ruhig und gelassen in die Warteschlange ein. Denn mit einer Schlange ist zu Stoßzeiten immer zu rechnen.

Um die Wartezeit zu verkürzen, gehen Sie noch einmal genau Ihren Einkaufskorb durch. Haben Sie auch wirklich nichts vergessen? Noch ist es nicht zu spät!

Oder Sie betrachten die anderen wartenden Leute. Vielleicht ergibt sich ein nettes Gespräch? Oder Sie überlegen sich, wie Sie das heutige Abendessen kochen wollen.

Oder Sie lassen Ihren Gedanken freien Lauf und stellen sich einen herrlichen Sandstrand mit blauem Wasser und warmer Sonne vor!

An der Kasse endlich angekommen, finden Sie für die gestresste Verkäuferin ein paar nette tröstende Worte. Denn Sie sind froh, nicht an Ihrer Stelle sein zu müssen.

Wer so handelt, wird ruhig und gelassen, ohne auch nur im Ansatz Ärger zu verspüren, den Supermarkt verlassen.

**Merke:**

In den meisten Supermärkten bilden sich zu Stoßzeiten Warteschlangen an den Kassen. Wenn Sie das in Zukunft einplanen, müssen Sie sich nicht darüber ärgern!

## Eine Mieterhöhung steht an

Sie wohnen seit längerem in einem Mietshaus und haben bisher noch keine Mieterhöhung erhalten. Ihre jetzige Miete ist, gemessen an ähnlich ausgestatteten Wohnungen, relativ günstig. Doch da schlägt der Ärger wie ein Blitz ein! Sie erhalten von der Hausverwaltung oder dem Besitzer auf einmal eine Mieterhöhung. Einfach so und ohne Vorankündigung! Und das Ihnen! Wo Sie doch über all die Jahre hinweg immer besonders auf den sehr guten Zustand Ihrer vier Wände geachtet haben. Unverschämt! Das ist doch wohl ein triftiger Grund, sich ausführlich zu ärgern!

Früher hätten Sie sich wie folgt verhalten:

Erbost lesen Sie immer und immer wieder den Brief, der die Mieterhöhung ankündigt. Bei jedem erneuten Durchlesen ärgern Sie sich mehr. Voller Ärger rufen Sie Ihre Bekannten an und erzählen ihnen, wie unverschämt es sei, ausgerechnet Ihre Miete zu erhöhen. Und das nach all der Zeit! Wo Sie doch so eine unkomplizierte Mieterin sind. Nie haben Sie die Hausverwaltung um etwas gebeten oder sich beschwert. Das hat man von seiner Gutmütigkeit!

All dieser Ärger nutzt Ihnen nichts, sondern schadet nur Ihren Nerven, denn bereits ab dem nächsten ersten müssen Sie mehr Miete bezahlen, und der nächste Kontoauszug ist ein neuer Grund zum Ärgern.

Heute reagieren Sie anders:

Falls Sie sich ärgern, lassen Sie den Brief erst einmal einen oder mehrere Tage auf dem Tisch liegen. Nicht im ersten Ärger zum Telefonhörer greifen. Erst wenn Ihr Ärger verraucht ist, sind Sie in der Lage, ein sachliches Gespräch zu führen!

Dann rufen Sie in aller Ruhe die Hausverwaltung oder den Besitzer an und erkundigen sich nach dem Grund der Mieterhöhung. Klingt das Argument (zum Beispiel Außenfassade angestrichen oder Treppenhaus renoviert) plausibel, finden Sie sich ohne innerliche Wut ab. Schließlich haben Sie in der Wohnung mehrere Jahre sehr günstig gewohnt.

Und wenn Sie ganz ehrlich sind, gefällt Ihnen der neue Außenanstrich auch sehr gut. Eine Mieterhöhung ist also nicht gleich ein Grund, voller Zorn die Umzugskisten zu packen und sich etwas Neues zu suchen!

Ist die Mieterhöhung zu hoch oder nicht gerechtfertigt, erkundigen Sie sich beispielsweise bei einer Mieterberatung nach Möglichkeiten zu handeln. Vielleicht hilft es schon, wenn dem Hausbesitzer eine genaue Aufstellung mit Vergleichsmieten vorgelegt wird.

Oder vielleicht versucht der Hausbesitzer einfach, eine Mieterhöhung durchzubringen, weil er denkt, die meisten Mieter akzeptieren diese ohne Kommentar.

Bleiben Sie auch in diesem Fall nicht einfach passiv und fressen Ihren Ärger in sich hinein. Handeln Sie aktiv, aber mit Bedacht und vor allem emotionslos. Nur dann werden Sie sich Klarheit verschaffen und das Problem zu Ihrer vollen Zufriedenheit lösen können!

**Tipp:**

Überprüfen Sie ganz sachlich, ob eine Mieterhöhung für Ihre Wohnung gerechtfertigt ist. Mieterberatungsstellen oder Bekannte, die ähnliche Erfahrungen gemacht haben, werden Ihnen dabei weiterhelfen.

## Ärger mit der Bank

Sie holen sich bei Ihrer Bank Ihren letzten Kontoauszug ab und erblicken auf diesem die Kontoabrechnung für das letzte Quartal. „Eine Unverschämtheit! Die Kontogebühren sind viel zu hoch. Nicht mit mir!“

Früher hätten Sie sich wie folgt verhalten:

Erzürnt knallen Sie den Tagesauszug auf den Banktresen und fahren barsch den Bankangestellten an: „Was glauben Sie denn, wen Sie vor sich haben, holen Sie sich doch das Geld von denen, die mehr Geld haben!“

Mit diesem völlig unsachlichen und unangemessenem Wutausbruch ändern Sie rein gar nichts an Ihrer Gebührenabrechnung, sondern machen sich nur in der Bank unbeliebt. Den Bankangestellten wird Ihre Argumentation nur wenig berühren, denn es ist ja schließlich nicht „seine“ Bank, sondern er ist hier „nur“ angestellt.

Heute reagieren Sie anders:

Sie nehmen den Kontoauszug mit nach Hause und warten, bis Sie sich beruhigt haben. Dann gehen Sie am nächsten Tag mit dem Beleg wieder in die Bank und lassen sich die Zusammenstellung der Gebühren genau erklären. Das ist Ihr gutes Recht und muss Ihnen nicht unangenehm sein. Schließlich kann sich auch eine Bank mal irren.

Sollte die Gebührenabrechnung wirklich berechtigt sein, überlegen Sie sich weitere Schritte. Sie wägen Folgendes gut ab: Ist es mir wert, so viel zu zahlen. Dafür habe ich eine Bank, die meine finanziellen Bedürfnisse genau kennt, bin schon länger hier Kunde und werde deshalb namentlich begrüßt. Ich erkundige mich bei dieser Bank nach einer preisgünstigeren Kontoführung mit eventuell weniger Bequemlichkeit, aber dafür auch weniger Kosten.

Oder aber Sie denken sich: Ich bin eigentlich nicht bereit, so viel Gebühren zu zahlen. Ich lege keinen Wert auf eine persönliche Begrüßung. In diesem Fall holen Sie sich Angebote von anderen Banken ein und vergleichen sie hinsichtlich Ihrer Bedürfnisse und Vorstellungen.

Vielleicht ist eine Bank, die nur telefonisch erreicht werden kann, für Sie dann günstiger. Sie sind hier zwar etwas anonym, kommen aber dafür in den Genuss meist günstigerer Gebühren. Oder vielleicht hat die Bank, die nicht ganz in Ihrer Nähe liegt, die besseren Konditionen. Niedrige Gebühren entschädigen Sie für den längeren Weg, den Sie zurücklegen müssen.

Auch anhand dieses kleinen angeführten Beispieles mit der Bank haben Sie es sicherlich schon lange bemerkt:

Ärgern allein schafft keine sinnvolle Abhilfe oder Erleichterung, sondern ist uneffektiv. Nur aktives Handeln kann die gewünschte Abhilfe schaffen und Sie zum Erfolg führen.

**Tipp:**

Jede Bank hat andere Konditionen. Wer sich über seine Spesenabrechnung ärgert, sollte bei anderen Banken deren Bedingungen erfragen und eventuell sein Konto verlegen.

## Die vielen lieben Geschenke

Ihre Wohnung würde Ihnen eigentlich ganz gut gefallen, wenn sie nicht voll von Tand stehen würde, der Ihnen eigentlich gar nicht gefällt. Aber es sind Geschenke und Sie fühlen sich verpflichtet, diese auch zu verwenden, obwohl die Gegenstände ganz und gar nicht Ihrem persönlichen Geschmack entsprechen. Wie zum Beispiel die Spitzendeckchen der Tante, der handgeknüpfte Teppich des Onkels, die selbstgemachten Tonvasen der Cousine und die gehäkelten Topflappen, von denen Sie so viele haben, dass nie mehr weitere gekauft werden müssen! Alles Dinge, deren Anblick in Ihnen täglich Ärger hervorruft. Ärgerlich!

Früher hätten Sie sich wie folgt verhalten:

Sie fühlen sich verpflichtet, diese Gegenstände in Ihrer Wohnung zu deponieren, denn schließlich hat der Schenker sich damit ja auch viel Mühe gemacht und wollte Ihnen eine Freude bereiten. Sie ärgern sich zwar täglich über die gestörte Harmonie in

Ihrer Wohnung, haben jedoch nicht den Mut, irgendwelche Änderungen darin vorzunehmen.

Heute reagieren Sie anders:

Sie nehmen sich fest vor, diesen täglichen Ärger zu beenden. An einem verregneten Wochenende ist es dann soweit! Sie räumen Ihre Wohnung auf.

Falls die Verwandtschaft Sie besucht und das Fehlen der Geschenke kritisiert, stehen Sie klar und deutlich zu Ihrem Entschluss. Allerdings müssen Sie hier mit Unverständnis rechnen, denn schließlich sind die Spitzendecken „doch wirklich ganz entzückend und passen überall hin!“ Aber eben nicht in das von Ihnen gestaltete Zuhause!

Nachdem Sie Ihre Wohnung nach Ihrem ganz persönlichen Geschmack eingerichtet haben, setzen Sie sich gemütlich in Ihren Lieblingssessel und betrachten genüsslich Ihr Werk. Das schöne Gefühl der Geborgenheit und des sich Wohlfühlens durchflutet Sie, Sie sind mit Ihrem Werk sehr zufrieden. Sie werden sich denken: „Warum habe ich das nicht schon früher gemacht, anstatt mich ständig zu ärgern?“

**Tipp:**

Geschenkte Gegenstände von Verwandten oder Bekannten, die nicht Ihrem eigenen Geschmack entsprechen und nicht in Ihre Wohnung passen, haben dort auch nichts zu suchen. Stehen Sie offen dazu, denn Sie allein müssen sich schließlich hier wohl fühlen!

## Stau auf der Autobahn

Es ist Sonntagmittag und Sie beschließen, einen schönen Ausflug ins Grüne zu unternehmen. Sie freuen sich auf den Tag, packen in Ruhe Ihren Rucksack und fahren mit dem Auto in Richtung Autobahn. Dort angekommen ist nach wenigen Kilometern bereits das Desaster da. Stau ohne Ende! Nichts geht mehr vorwärts. Sie sitzen im Auto und ärgern sich maßlos. Gerade heute muss der Stau sein, wo Sie doch frei haben und einen schönen Ausflug machen wollten.

Früher hätten Sie sich wie folgt verhalten:

Sie sitzen völlig entnervt und mit sehr schlechter Laune im Auto. Mit jeder Minute mehr, die vergeht, sinkt Ihre Stimmung in unermesslich tiefe Abgründe. Ihre Finger trommeln ungeduldig auf das Lenkrad. Der Tag ist gelaufen! Nichts kann mehr Ihre Stimmung heben!

Und dann auch noch der Fahrer des Autos direkt hinter Ihnen! Nervös rutschen Sie auf Ihrem Sitz hin und her. Alles ärgern hilft aber nichts und löst schon gar nicht einen Stau auf.

Heute reagieren Sie anders:

Sie rechnen mit der Möglichkeit eines Staus, denn schließlich haben nicht nur Sie einen freien Tag und die Idee, ins Grüne zu fahren.

Sie hören vor der Abfahrt den Radiosender mit den Staumeldungen, nehmen sich eine Landkarte zur Hand und informieren sich über Umleitungen. Das Fahren auf einer Landstraße dauert zwar etwas länger, aber ist landschaftlich wesentlich schöner!

Um auf dem Rückweg einem Stau zu entgehen, essen Sie noch am Ausflugsort zu Abend und fahren dann außerhalb der Stoßzeiten nach Hause.

Falls Sie dennoch in einen Stau geraten sollten, machen Sie es sich im Auto bequem. Sie suchen sich einen Radiosender mit schöner Musik oder legen eine Kassette ein, um eine Fremdsprache zu lernen. Sie betrachten die Landschaft um sich herum, die sonst ungesehen an Ihnen vorbeifliegt. Sie freuen sich auf die bevorstehende Wanderung.

Sie wissen, dass es eigentlich egal ist, ob Sie eine halbe Stunde früher oder später das Ziel erreichen. Sie sind sehr froh, dass Sie an dem Unfall, der den Stau verursacht hat, nicht verwickelt sind und gesund in Ihrem Auto sitzen können! Sie beobachten interessiert die Menschen in den anderen Autos. Sie vertreiben sich die Wartezeit, indem Sie erraten, aus welcher Stadt das Auto kommt.

Sie bleiben in jedem Fall ganz ruhig und entspannt und helfen so, weitere Unfälle zu vermeiden!

## Der vierbeinige Liebling

Vor einiger Zeit sind Sie auf den Hund gekommen. Sie haben sich auf Grund vieler persönlicher Wünsche und Bedürfnisse zu diesem Schritt entschlossen und Ihr vierbeiniger Liebling ist Ihnen sehr an das Herz gewachsen. Sie gehen mit ihm regelmäßig spazieren, denn es soll ihm an nichts mangeln.

Eines Tages liegen Sie mit einer Erkältung im Bett. Der Hund kann das natürlich nicht verstehen und fordert nachmittags sein Recht „Gassi" zu gehen. Der Spaziergang fällt, krankheitsbedingt, sehr kurz aus.

Nicht genug für Bello. Kaum liegen Sie im Bett, quengelt er herum, winselt leise vor sich hin und bringt Ihnen alle seine Spielsachen ans Bett. „Bitte spiel mit mir" scheinen seine Augen zu sagen. Doch Sie sind verärgert.

„Dieser Hund begreift einfach nicht, dass man nicht jeden Tag drei Stunden durch den Park laufen kann! Er weiß meinen Einsatz von vorhin nicht zu würdigen. Und überhaupt! Wäre ich nicht allein und hätte einen Partner, könnte der mir gelegentlich den Hund abnehmen. Aber man muss eben alles alleine tun!" Ärger über Ärger!

Früher hätten Sie sich wie folgt verhalten:

Völlig entnervt und lustlos schmeißen Sie ein paar Mal den Ball durch die Wohnung – für den Hund ein Tropfen auf den heißen Stein. Dann brüllen Sie den Hund an, er soll endlich Ruhe geben und sich hinlegen. Alles umsonst, Sie werden nicht verstanden. Noch ärgerlicher!

Heute reagieren Sie anders:

Sie wissen, dass es wenig Sinn hat, den Hund anzubrüllen. Ein Hund ist eben ein Hund. Er besteht auf die Durchführung der täglichen Rituale und fordert mit allen ihm zur Verfügung stehenden Mitteln sein Recht.

Ihnen ist klar, dass nicht der Hund Sie, sondern Sie sich den Hund ausgesucht haben. Damit haben Sie auch die gesamte Verantwortung für das Wohlergehen des Hundes übernommen. Sie rufen einen Bekannten an und bitten ihn, mit dem Hund spazieren zu gehen. Ist dieser nicht erreichbar, bitten Sie vielleicht Ihren Nachbarn.

Falls es Ihr Gesundheitszustand zulässt, packen Sie sich ganz warm ein und gehen in einen Park, von dem Sie wissen, dass sich hier Hundebesitzer treffen. Hier kann sich Ihr vierbeiniger Liebling innerhalb kürzester Zeit austoben und schläft danach sicher glücklich und zufrieden.

Sollte sich Ihre Krankheit verschlimmern, suchen Sie sich eine vertraute Person aus, die den Hund für einige Tage zu sich nehmen kann und ihn versorgt. Im Notfall gibt es Hundepensionen, die nach Absprache auch den Hund abholen. Adressen kann Ihnen sicherlich Ihr Tierarzt geben.

Auf keinen Fall lassen Sie Ihren Ärger über die Krankheit an diesem wehrlosen Geschöpf aus. Ihr Hund kann am allerwenigsten etwas dafür, dass Sie völlig frustriert im Bett liegen müssen, weil Sie krank sind. Er ist schließlich kein Ablassventil für Ihre schlechte Laune!

Als Hundebesitzer muss man immer mit solchen Situationen rechnen. Fragen Sie deshalb schon zu „gesunden Zeiten" in Ihrem Bekannten- und Freundeskreis, wer sich im Krankheitsfall um Ihren Hund kümmern kann.

**Tipp:**

Wenn man als Hundebesitzer krank das Bett hüten muss, sollte man einen „Hundesitter" organisieren. Entweder stunden- oder tageweise, je nach Krankheitsverlauf.

## Hilfe, ein Computer!

Die Technik hält nun auch an Ihrem Arbeitsplatz Einzug und Sie bekommen einen neuen und hochmodernen Computer. In einem Abendlehrgang wurden Sie ausführlich mit dem Gerät vertraut gemacht. Sie glauben fit und gut vorbereitet zu sein, denn im Kurs konnten Sie mit dem Gerät prächtig umgehen. Nun sind Sie auf sich selbst gestellt, ein 800 Seiten dickes Handbuch ist Ihre einzige Hilfe. Na dann, es kann losgehen!

Geschmeidig und flink gehen Ihre Finger über die Tasten. Wirklich eine tolle Sache, so ein Computer, praktisch und schnell zugleich. „Möchten Sie den Text abspeichern“ fragt er Sie höflich. Natürlich wollen Sie das. Da passiert es plötzlich: „Abspeichern ist nicht möglich“ prangt unübersehbar auf Ihrem Bildschirm.

Mit einem Schlag ist Ihr Enthusiasmus gestoppt. „Was heißt hier, ist nicht möglich.“ Doch der Computer will nicht so wie Sie es ihm erneut befehlen! Auch ein hektisches Nachschlagen in dem in Ihren Augen völlig unübersichtlich geordneten Anleitungsbuch bringt Sie nicht weiter. Was für ein Ärger! Und dabei hatten Sie sich richtig gefreut auf die Arbeit mit dem neuen Computer!

Früher hätten Sie sich wie folgt verhalten:

Sie sind völlig verärgert, fahren hektisch mit der Maus über den Schreibtisch, ohne dass sich etwas auf dem Bildschirm bewegt, und sind nicht mehr in der Lage, sachlich über das Problem nachzudenken.

Schuld ist natürlich das völlig unübersichtliche Nachschlagewerk! Ist die Firma denn nicht in der Lage, Ihnen ein vernünftiges und brauchbares Arbeitsmaterial zur Verfügung zu stellen? Hat man Ihnen nicht schon genug Ärger aufgehalst – und jetzt ausgerechnet noch so einen modernen Computer. Rücksichtslos. Vorher klappte die Arbeit ja auch immer! Dem Ärger sind keine Grenzen gesetzt! Sie sind entnervt.

Heute reagieren Sie anders:

Sie sind sich klar, dass Ihr Wissen nach dem Abendkurs lediglich der Anfang ist. Sie freuen sich, die Gelegenheit zu bekommen, mit einem Computer zu arbeiten. Denn es ist Ihnen klar, dass man früher oder später in Ihrem Beruf sich ohnehin damit auskennen muss.

Sie beginnen mit der Bedienung des technischen Teiles mit ganz kleinen Schritten und überlegen erst, was Sie genau wollen und handeln dann. Sie wissen, dass der Computer nur das macht, was Sie ihm eingeben, und dass jegliche Personifizierung des Gerätes („Heute mag er mich wieder nicht!") Sie auch nicht weiter bringt.

Sie nehmen sich das Anleitungsbuch mit nach Hause, suchen sich gezielt die Punkte heraus, die Sie in der nächsten Zeit benötigen und notieren sich das Wichtigste auf einem Merkblatt. Dieses Blatt legen Sie als kleine Starthilfe neben den Computer.

Sie hören sich in Ihrem Bekanntenkreis um, wer zu Hause einen Computer stehen hat und bitten diesen Menschen, Ihnen das Wichtigste beizubringen. Ein gutes Essen als Revanche sollte selbstverständlich sein. Denn Sie sind sich im Klaren, dass Sie eben etwas Zeit benötigen, diese Technik zu beherrschen.

Wenn Ihnen der ein oder andere Arbeitsschritt gelungen ist, freuen Sie sich und genießen den Erfolg. Wenn anfangs nichts gelingt, geben Sie nicht gleich auf („Ich wusste es schon immer, ich habe eben kein Gespür für die Technik!"), sondern beginnen immer wieder von vorne. Oft hilft das Wissen, dass schon ganz andere „technisch begabte" Menschen als Sie mit dem Computer bestens umgehen können. Es ist kein „Buch mit sieben Siegeln", sondern ein Gegenstand, dessen Bedienung anfangs Geduld, Wissen, Zeit und Durchhaltevermögen erfordert. Mit der nötigen Gelassenheit werden Sie es schaffen.

**Tipp:**

> Wer als Neuling mit einem Computer arbeitet, wird vor viele Fragen gestellt. Nur Schritt für Schritt arbeiten und mit Geduld und Ruhe verhindert man „Computer-Ärger".

## Bitte warten!

Sie brauchen von einem Amt eine Auskunft. Kein Problem für Sie. Schnell haben Sie aus dem Telefonbuch die passende Nummer herausgesucht und wählen. Belegt, kann passieren. Nach fünf Minuten ein erneuter Versuch und siehe da, eine freundliche Stimme meldet sich und erklärt, dass für Ihr spezielles Problem eine andere Auskunftstelle zuständig ist und sie Sie gerne verbindet. „Bitte warten, bitte warten" dröhnt es monoton aus dem Hörer. Unterbrochen wird diese Information durch einige Takte von Mozarts kleiner Nachtmusik.

Sie tun genau das, was Ihnen gesagt wird und warten und warten. Entnervt legen Sie den Hörer wieder auf.

Auch bei einem erneuten Versuch werden Sie mit der musikalisch untermalten Information „Bitte warten“ abgespeist. Ihre Geduld ist am Ende! Das Wort „verärgert“ ist fast schon zu mild, um Ihren jetzigen Gemütszustand treffend zu beschreiben!

Früher hätten Sie sich wie folgt verhalten:

Mit jedem „Bitte warten“ werden Sie verärgerter und nervöser. Wozu zahlen Sie überhaupt Ihre Steuern? Diese werden ja auch pünktlich abgezogen. Für das Geld könnte man doch ein paar Leitungen mehr verlegen. Von Kundenservice haben diese Leute wohl auch noch nichts gehört.

Ihre Geduld wird von Sekunde zu Sekunde mehr auf die Probe gestellt, besteht sie aber nicht. Sie knallen wutentbrannt den Hörer auf die Gabel. Ihre gute Laune ist für die nächsten Stunden dahin.

Heute reagieren Sie anders:

Ihre Erfahrung hat bereits gezeigt, dass man nicht immer gleich beim ersten Versuch von einem Amt die gewünschte Auskunft bekommt. Sie wissen, dass es eine längere Telefonodyssee werden könnte und räumen sich diese Zeit von vornherein ein. Bevor Sie sich weiterverbinden lassen, erkundigen Sie sich nach der Durchwahlnummer des neuen

Gesprächspartners, um eventuell später selbst dort direkt anrufen zu können, falls besetzt ist.

Sie informieren sich bei der Zentrale über Öffnungszeiten und nutzen diese telefonisch. Eigentlich menschlich, dass außerhalb dieser Zeiten niemand gerne den Hörer abnimmt!

Wartezeiten verkürzen Sie durch Zeitungslesen, Einkaufszettel schreiben, Kaffee trinken oder Schreibtisch ordnen. So lenken Sie sich ab, die Wartezeit kommt Ihnen nicht mehr so lange vor und Sie ersparen sich viel Ärger.

**Tipp:**

Die Erfahrung hat gezeigt, dass es bei einigen Ansprechpartnern etwas länger dauern kann, die gewünschten Auskünfte zu erhalten. Ausgerüstet mit diesem Wissen freut man sich, wenn es schließlich schneller geht, als man erwartet hat!

# Anti-Ärger-ABC

**Abbauen**
Versuchen Sie täglich angefallenen Ärger abzubauen und nicht in sich hineinzufressen.

**Abfangen**
Gewöhnen Sie sich an, Ärger gar nicht erst entstehen zu lassen und im Vorfeld abzufangen!

**Abgewöhnen**
Gewöhnen Sie es sich konsequent ab, sich permanent über Kleinigkeiten aufzuregen.

**Abschaffen**
Versuchen Sie, möglichst viele Ursachen für Ärger bereits im Keim zu ersticken.

**Abschalten**
Wenn Sie sich geärgert haben, gewöhnen Sie sich unbedingt an, abzuschalten. Sonst steigern Sie sich völlig in die vermeintlich ärgerliche Situation hinein und bewerten diese über! Suchen Sie nach dem wahren Grund Ihres Ärgers.

**Anhören**
Gewöhnen Sie sich an, Ihren Gesprächspartnern genau zuzuhören. Das hilft Missverständnisse aus dem Weg zu räumen und erspart daher viel Ärger.

**Ausspannen**
Wer richtig ausspannen kann, verfügt über innere Ruhe und ärgert sich dadurch immer weniger im Laufe der Zeit.

**Beenden**
Ein ärgerliches Gespräch, das unsachlich wird und zu eskalieren droht, sollte rechtzeitig beendet werden. Sie sagen sonst Dinge, die Ihnen später vielleicht Leid tun.

**Beherrschen**
Oft ist es in einem Gespräch, das anfängt unsachlich zu werden, hilfreich, sich zu beherrschen, die Ruhe zu bewahren und bei den realen Fakten zu bleiben.

**Beherzigen**
Beherzigen Sie ruhig öfter die Ratschläge der Menschen, die Sie sehr gut kennen.

**Bemitleiden**
Bemitleiden Sie sich nicht selbst, wenn es Ärger gegeben hat. Auch andere Leute leiden unter dem Phänomen Ärger, nicht nur Sie!

**Beruhigen**
Beruhigen Sie Ihr Gemüt, wenn Sie sich geärgert haben. Unternehmen Sie etwas, was Ihnen Spaß macht, das lenkt ab.

**Beschimpfen**
Beschimpfen Sie nicht Ihr Gegenüber. Es könnten Worte fallen, die Sie, nachdem die Ärgerwolken vorbeigezogen sind, bereuen, und die nicht mehr wieder gutzumachen sind.

**Beschwichtigen**
Versuchen Sie die Person zu beschwichtigen, die sich ärgert. In vielen Fällen werden Sie Erfolg erzielen und nicht vom Ärger der anderen Menschen angesteckt werden.

**Diskussion**
Beginnen Sie von vornherein keine Diskussionen über Themen, die bei Ihnen schon gedanklich großen Ärger hervorrufen.

**Drohung**
Wenn Sie sich über das Verhalten einer Person wirklich geärgert haben, vermeiden Sie es in Ihrem Zorn, Drohungen dieser gegenüber auszusprechen. Dadurch erreichen Sie lediglich, dass die andere Person sich unter Druck gesetzt fühlt und sich noch vehementer wehrt! Neuer Ärger ist somit bereits vorprogrammiert.

**Durchhalten**
Obwohl Sie sich fest vorgenommen haben, sich nicht mehr zu ärgern, wird Ihnen das anfangs sicherlich nicht immer gelingen. Daher heißt Ihr tägliches Motto: durchhalten!

**Echo**
Wie es in den Wald hinein schallt, so schallt es heraus! Wer andere mit Ärger konfrontiert, muss sich nicht wundern, wenn der Ärger zurückkommt.

**Ehrlichkeit**
Versuchen Sie, ehrlich zu sein. Lügen haben nicht nur kurze Beine, sondern sind auch oft Ursache für Ärger.

**Eifersucht**
Sie leiden unter Eifersucht und ärgern sich darüber. Ersetzen Sie das Wort Eifersucht durch Vertrauen!

**Einbildung**
Einbildung kann ebenfalls Ärger hervorrufen. Abhilfe schafft ein klärendes Gespräch mit den beteiligten Personen, das bestehende Missverständnisse aus dem Weg räumt und für die Einbildung keinen Nährboden mehr lässt.

**Einsicht**
Seien Sie einsichtig! Wenn sich die ärgerliche Situation geklärt hat, lassen Sie es zu, Einsicht zu zeigen. Sie verlieren dadurch nichts!

**Erfreuen**
Erfreuen Sie sich an den schönen Dingen des Lebens! Dadurch bleibt automatisch nicht mehr so

viel Raum für Ärger, denn Ihre positive Lebenseinstellung prägt die täglichen Geschehnisse entscheidend mit.

**Erleben**
Erleben Sie täglich, wie schön das Leben sein kann. Dabei sind es oft nicht die großen Dinge, die das Herz erfreuen, sondern kleine Erlebnisse, wie zum Beispiel ein Lächeln, eine aufmerksame Geste oder ein lustiges Gespräch.

**Erwidern**
Wird man mit Ärger konfrontiert, erwidert man diesen am besten mit Ruhe, Gelassenheit und nicht mit zu viel Emotionen.

**Fluchen**
Fluchen hilft bei Ärger nicht, es verschlimmert nur die Situation, demonstriert Unbeherrschtheit und mangelndes Benehmen.

**Freund**
Wenn Sie sich geärgert haben, vertrauen Sie Ihren Zorn einem guten Freund an. Bereits beim Erzählen der Ereignisse werden Sie merken, wie lächerlich und unnötig Ihr Ärger ist.

**Gelegenheit**
Zum Ärgern findet man sicherlich genug Gelegenheiten. Suchen Sie erst gar nicht!

**Gesichtsfarbe**
Ärgern verändert die Gesichtsfarbe. Von naturfarben zu rot! Ein rotes Gesicht lässt niemanden freundlich aussehen.

**Gewinnen**
Wenn Sie Ihr Leben ohne Ärger gestalten wollen, können Sie nur an Lebensqualität gewinnen. Sie gehen keinerlei Risiko ein und verlieren nichts.

**Grämen**
Grämen Sie sich nicht unnötig. Wer grämend den Rückzug antritt, ändert nichts. Klären Sie Ihren Ärger durch Gespräche auf!

**Hinderlich**
Falscher Stolz und gekränkter Egoismus behindern oft eine Versöhnung. Stehen Sie sich selbst nicht im Weg und springen Sie über Ihren eigenen Schatten.

**Hören**
Sie genau auf die Worte, die man an Sie richtet. Zuhören erfordert zwar etwas mehr Aufmerksamkeit, erspart aber Missverständnisse und Ärger.

**Kaffee**
Sich ärgern verursacht flattrige Nerven und erhöhten Pulsschlag. Trinkt man zusätzlich Kaffee, werden diese Auswirkungen verstärkt.

**Klären**
Klären Sie jede Situation, die Ihnen unklar ist. Dadurch ersparen Sie sich viel Ärger.

**Kostbar**
Das Leben ist zu kostbar und zu kurz, um es mit ärgern zu vergeuden.

**Küsschen**
Tritt bei Ihren Bekannten Ärger auf, geben Sie der Person einfach ein Küsschen. Diese Gefühlsbezeugung wirkt besänftigend und lässt den Ärger schnell vergessen.

**Lösung**
Es gibt sicherlich nicht für jeden Ärger eine Lösung, aber doch für mehr Situationen, als Sie sich bis jetzt vorstellen können. Suchen Sie stets nach einer für alle Beteiligten akzeptablen Lösung. Sie ersparen sich damit viele Unannehmlichkeiten!

**Lustig**
Lustige Menschen ärgern sich weniger, denn sie haben eine positive Lebenseinstellung.

**Menschlich**
Sich aufregen ist zwar menschlich, aber kein guter Wesenszug. Wie wäre es, anstatt dessen eine andere positive Eigenschaft zu fördern, zum Beispiel Freundlichkeit?

**Misserfolg**
Misserfolg ist leider oft der Anlass für Ärger, Zorn und Neid. Dagegen hilft ein sehr einfaches Rezept: sich selbst und das, was man tut, nicht immer so wichtig zu nehmen! Lachen Sie einfach öfter einmal über sich selbst.

**Missverständnis**
Missverständnisse gibt es leider oft, selbst wenn man über eine Angelegenheit spricht. Daher sollten Sie sich um klare Worte bemühen.

**Musik**
Musik hilft Ihnen zu entspannen und Ärger abklingen zu lassen.

**Nichtig**
Viele Gründe für Ärger stellen sich bei genauerem Betrachten als nichtig heraus. Machen Sie sich die Mühe!

**Nutzen**
Es hat keinen Nutzen, wenn das Barometer auf Sturm steht, die Welt sieht bei schönem Wetter immer freundlicher aus!

**Probieren**
Probieren Sie ein Leben ohne Ärger aus. Bereits nach kurzer Zeit werden Sie feststellen, wie viel schöner und leichter es sich lebt.

**Quälen**
Quälen Sie sich nicht mit unnötigen Gedanken oder Vermutungen. Ein klärendes Gespräch bringt meist die Wahrheit zutage.

**Rache**
Rache nehmen sollten Sie vermeiden. Was passiert ist, gehört der Vergangenheit an.

**Recht**
Ärgern Sie sich nicht, wenn ein anderer Recht hat. Bei der nächsten Gelegenheit, die sich bietet, behalten Sie wieder Recht.

**Sagen**
Sagen Sie, was Sie denken. Aber nicht vergessen: Der Ton macht die Musik!

**Schreiben**
Schreiben Sie sich den Ärger von der Seele, das hilft und entlastet Ihre Seele.

**Singen**
Singen macht fröhlich und vertreibt Ärger.

**Trennen**
Trennen Sie beruflichen und privaten Ärger. Das eine hat meist mit dem anderen nichts zu tun und darf nicht miteinander vermischt werden.

**Üben**
Üben Sie innere Ruhe und Gelassenheit.

**Überbewerten**
Überbewerten Sie ärgerliche Ereignisse nicht immer sofort!

**Umgang**
Vermeiden Sie den Umgang mit Menschen, die sich über alles und nichts ärgern. Umgeben Sie sich mit positiv denkenden Personen. Das bringt auch Ihnen weniger Ärger.

**Unbehagen**
Unbehagen schafft oft unnötigen Ärger. Versuchen Sie Situationen zu meiden, die Ihnen großes Unbehagen bereiten. Gereiztheit und Streit treten somit erst gar nicht auf und dadurch bleibt Ihnen viel Ärger und Stress erspart.

**Unparteiisch**
Ergreifen Sie bei einem Streitgespräch mit mehreren Personen nie Partei. Zeigen Sie sich konsequent unparteiisch.

**Unzufriedenheit**
Unzufriedenheit stellt in vielen Fällen Nährboden für Ärger dar. Finden Sie heraus, warum Sie unzufrieden sind und ändern Sie diesen Zustand mit all Ihrer Kraft.

**Verbreiten**
Verbreiten Sie Freundlichkeit und Hilfsbereitschaft. Wie man sät, so erntet man!

**Verhindern**
Verhindern Sie Ärger, wann immer es Ihnen möglich ist.

**Wiedergutmachen**
Ein kleines Geschenk als Geste der Versöhnung wirkt oft Wunder!

**Zielsetzung**
Ihr tägliches Ziel heißt: „Ich will mich nicht mehr ärgern!"

**Zwiegespräch**
Führen Sie mit sich Zwiegespräch: Warum habe ich mich jetzt geärgert? Wie hätte ich diese Situation besser meistern können?